主编 胡大平 张云龙
西方马克思主义研究丛书

反思批判理论的规范内容

马克思、哈贝马斯与霍耐特

[英] 鲍勃·卡农 (Bob Cannon)

曹瑜 鲁擎雨 译

Rethinking the Normative Content of Critical Theory

Marx, Habermas and Beyond

江苏人民出版社

图书在版编目（CIP）数据

反思批判理论的规范内容：马克思、哈贝马斯与霍
耐特／（英）鲍勃·卡农著；曹瑜，鲁擎雨译. 一 南京：
江苏人民出版社，2022. 7
（西方马克思主义研究丛书／胡大平，张云龙主编）
书名原文：Rethinking the Normative Content of
Critical Theory
ISBN 978 - 7 - 214 - 27283 - 6

Ⅰ. ①反… Ⅱ. ①鲍… ②曹… ③鲁… Ⅲ. ①西方马
克思主义-研究 Ⅳ. ①B089. 1

中国版本图书馆 CIP 数据核字（2022）第 121886 号

书　　　名	反思批判理论的规范内容：马克思、哈贝马斯与霍耐特	
著　　　者	（英）鲍勃·卡农	
责 任 编 辑	汪意云	
译　　　者	曹　瑜　鲁擎雨	
装 帧 设 计	刘莘莘	
责 任 监 制	王　娟	
出 版 发 行	江苏人民出版社	
地　　　址	南京市湖南路 1 号 A 楼，邮编：210009	
照　　　排	江苏凤凰制版有限公司	
印　　　刷	江苏扬中印刷有限公司	
开　　　本	718 毫米×1000 毫米　1/16	
印　　　张	12.5	
字　　　数	184 千字	
版　　　次	2022 年 9 月第 1 版	
印　　　次	2022 年 9 月第 1 次印刷	
标 准 书 号	ISBN 978 - 7 - 214 - 27283 - 6	
定　　　价	48.00 元	

（江苏人民出版社图书凡印装错误可向承印厂调换）

前　言

总体而言，批判理论在形式上主要分为两种：一种是指从诸如康德、费希特和黑格尔等德国唯心主义传统发展而来，经由马克思和卢卡奇，再到法兰克福学派的霍克海默、阿多诺、马尔库塞、哈贝马斯和霍耐特这一支学术传统；另一种是指现代性对于自身的前提性基础不断进行反思的倾向（在这一意义上，由于后现代主义也批判了现代性的基本预设，它也构成批判理论的其中一支）。但是，这两种形式的批判理论又是互相割裂的。前一种路向仍和"先验性"的理论保持着某种亲缘性，后一种则站在"经验主义"的立场上。本书的主要目的之一，便是通过研究批判理论的发展历史，以阐发二者的共通之处。

在马克思的论述中，这种割裂主要表现在：他对于资本主义的批判并非根植于历史中不断涌现的工人运动，而是始于从事价值性生产的劳动的基本属性。为此，马克思试图竭力找出到底是哪些超历史的条件使一般性生产成为可能。正是这些超历史的条件，构成了马克思批判资本主义制度下扭曲的社会化生产的基础。尽管马克思尝试将从事价值性生产的劳动放在历史语境中探讨，但这又不可避免地将劳动当作资本的一部分。因为在资本主义的历史条件下，劳动就体现为资本的本质，正是资本使劳动成为自身的组成部分并支配着劳动，因此，价值就变成为了资本的"产物"——自我增殖的价值。为了避免这种结果，马克思进一步将劳动设定为一个以一般性生产为基础的超历史的概念。然而，这不仅与资本主义制度下经济关系所表现出的历史性相悖离，也让马克思对资本主义的批判相较于政治经济学批判而言，显得相对薄弱乏力。这样一来，尽管马克思的目的是试图把资本的根源归结于劳动，却囿于这一超历史"劳动"概念的提出，而进一步远离了资本主义社会中主客体分离的真相。

马克思批判策略的核心在于，认为有目的的劳动构成（资本主义）社会关系的根源、实质和主体。在某种意义上，后者自我建构的种种特质只是前者自我建构能力的一种异化表达。然而，马克思的这种观点却剥夺了工人以一种规范性的方式批判资本主义的能力，即他是将自己的"未受损害的主体性"（undamaged subjectivity）（自我对象化的劳动①）概念作为工人理解资本主义的规范性原则。这也即意味着，马克思并不是以参与者的道德原则作为资本主义批判的基础，而是将劳动视为价值的隐秘源泉。这样一来，即便是把自我建构的现代道德观作为分析的重点，马克思还是将这种道德观与劳动，而非工人运动联系在了一起。自我建构被视为劳动本身的一个"先验性"特质，而不是参与者为了让系统对他们负起责任所做出努力的"经验性"结果。

这样一来，为了正视参与者在扩展自我建构领域的过程中，要与系统性自我再生律令（autopoietic imperatives）展开艰苦卓绝的斗争这一事实，一种规范性的内容与其赖以存在的社会背景相融合的社会本体论被呼之欲出。这便是哈贝马斯从主体间性的角度对马克思以主体为中心的自我建构论进行重建的目的所在。哈贝马斯尝试将批判理论产生的条件，以及从现代性当中涌现出的规范性原则再一次予以衔接，以此赋予其新的生命力。于是，为了摆脱法兰克福学派先驱们对于现代性的"单向度"的刻画传统（Marcuse，1972），哈贝马斯针对现代性的"规范性内容"提出了一种更加细致入微的论述。为此，就这一补救方案的有效性及其争议性而言，他修正了康德以主体为中心的自我建构概

---

① 关于"self-objectification"一词的翻译，根据不同的语境，分别翻译为：自我对象化、自我客体化、自我客观化及物化，它们在文章中所表达的意思基本一致，没有实质性的区别。——译者注

念。作为自我建构的依据，"交往行为"的目的是，确保一种具有合法性的社会秩序能够符合所有参与者的共同意愿。如此一来，不仅使自我建构拥有了规范性的基础，批判理论也获得了历史性的基础。

但遗憾的是，哈贝马斯同样依赖于一个"先验性"的"受损害的主体间性"（damaged intersubjectivity）概念，因而消解和削弱了"社会规范"（social norms）这一概念的"经验主义"色彩。结果是，哈贝马斯并未能够在"彼世"和"此世"两种批判理论间架起一座桥梁，没有让批判理论伫立在现代性的规范性内容之上，而是在"交往行为"这一概念内部保留了一种超验的伦理观。在这一意义上，现代性仅仅是在一种以互相理解为目标的语言之中，实现了超历史形式的"道德生活"。这样一来，哈贝马斯与马克思一样，都试图将批判理论建立在抽离了历史中的具体目标和参与者利益的"哲学人类学"基础之上。但殊不知，这不仅将整个社会生活绝对化了（历史上第一个"后习俗"的社会），也让哈贝马斯所述说的"交往行为"成了"道德生活"的本质。

为了让哈贝马斯的本质主义"交往行为"理论与其内在的制度环境相切近，阿克塞尔·霍耐特强调了社会性斗争在扩展现代性的规范性内容时所发挥的作用。霍耐特认为，工人是在道德关切的驱使下为反对将自身贬低为物而做出了斗争。他以这种方式摆脱了哈贝马斯交往范式在语言上的限制，将工人的斗争行为归因于现代性规范。但即便如此，霍耐特也和哈贝马斯一样，倾向于把现代性的规范性内容和"道德生活"本身所隐含的"哲学人类学"意涵画上等号。为此，霍耐特力求寻找到一种"未受损害的主体间性"来辨认并谴责现代性的"痼疾"。

这样一来，霍耐特并未将参与者信奉的道德准则作为批判理论的基础，而是仅仅将其视为指引，指向一种刻写在主体间道德原则之上的更加深刻的"道德生活"。由于霍耐特批判现代性所依据的社会本体论不仅仅先于现代性出现，而且凌驾于参与者通过主体间性而形成的种种目标之上。因此，他与马克思和哈贝马斯一样，也以一套道德原则作为批判理论的根基，而那套道德原则与现代社会自我建构的精神相抵触。

由此表明，批判理论从其源头便具有一种将现代性的规范性内容化约为一组内在于人性之中的先验性特征的倾向。我们既需要对这种倾向的缘由做出解释，也需要对其进行修正。就解释的部分而言，我大胆地认为，批判理论之所以能站在一个客观性的立场上，是因为经济系统具有物化主体间生活世界的能力。因此，马克思、哈贝马斯和霍耐特才会不约而同地将经济系统的"客观性"看作是"物质的"劳动过程所伴生的自然产物。而他们采取这一立场，但未批判社会的客体化现象（即物化），又是为了否定参与者的道德洞见。但事实上，只有当批判理论从参与者的立场出发表达其道德洞见，它才能够挑战系统对于主体间性的物化，反之亦然。这也即意味着，由于现代性未能重新界定自身的规范性内容而受到妨害的人的立场，才是"未受损害的主体间性"这一规范的真正基础。

即便如此，若没有哈贝马斯、霍耐特等人沿着主体间性的路径重建批判理论的努力，我对批判理论规范性内容的反思也难以付诸笔端。伦理学长久以来都是哲学身边境遇凄惨的表兄弟，和认识论之下的煌然成就相比，它现在才刚开始在社会科学的舞台中央赢取自己应得的位置。缘此，我在智识上深受塞拉·本哈比（Seyla Benhabib）、杰伊·伯恩斯坦（Jay Bernstein）、南茜·弗雷泽（Nancy Fraser）、托马斯·麦卡锡（Thomas McCarthy）和艾里斯·马里昂·扬（Iris Marion Young）的著作的恩惠，因为他们曾扎根于社会运动的斗争之中，为重新界定现代性的规范性内容，围绕"伦理生活"创作出了大量论述。

在此我也要感谢我的博士生导师彼得·奥斯本（Peter Osborne），他对我尚在酝酿中的想法提出了鞭辟入里的意见，帮助我尚不成熟的内容构思成形。我的想法之所以能够付印，很大程度上归功于他在我创作论文之时和之后所给予的扶持。我也愿将谢意致以我的友人和同事阿兰·怀特（Alan White）。感谢他多年来的慷慨相助。此外，还要感谢我父母未曾间断的鼓励，遗憾的是他们中间只有一人看到了他们的鼓励所结出的成果。最后，我想感谢乔伊·威尔森（Joy Wilson），感谢她的爱、支持和宽容。若是没有她，这一切都将失去意义。

目 录

导 论

本书主要围绕康德、黑格尔、马克思、齐美尔、韦伯、卢卡奇、哈贝马斯以及霍耐特对于自我建构的论述而展开，重点关注自我建构理论和劳动之间的关系。批判理论从一开始就内嵌有一种错误的假设，即认为人类劳动是缺少规范性内容的"工具性"活动，而我的目的则是对这一假设进行修正。批判理论倾向于将劳动从构成它的主体间关系中抽离出来，进而信奉一种人类"主体"在生产过程中有目地改造自然"客体"的纯粹主客体关系。故此，劳动就被看作一项超历史的活动，人类通过劳动与自然环境的关系就是一种超时空的**直接**交流关系。我的观点则正好与此相反。因为在我看来，劳动是在社会性的组织形式和资本主义的实践方式中获得其工具性的，不应以一种本质主义的方式看待它，进而相信它不受生产方式的制约，且无论何时都稳定不变。在我眼中，劳动是特定社会形态的产物，它是从身处其中的复杂社会、文化、政治、审美和伦理关系网络中抽象出来的。若是把"工人"从他们身处其间的广阔社会背景中分离出来，工人的活动也就被贬低为效率优先原则指导下的狭隘的功利主义行为。

因此，在某种意义上，批判理论将这种"抽象劳动"的特定历史形式当作劳动本身的原始形式。而现代性则被认为揭示了劳动的真正本质，而这一本质先前一直都被掩盖在一种看似无关的外部社会关系之下。现代性因此获得了一种超历史的地位。而我的任务就是把劳动从批判理论未加批判的假设中解放出来，无论是马克思的自我对象化的主体性，哈贝马斯的工具性行为，还是霍耐特的功利主义行为，皆是如此。他们都预设了在资本主义制度下所采取的社会形式的劳动，就是劳动**本身**的物质内容。这样一来，批判理论就将从历史中涌现出来的生产方式转化为超历史的一般性生产，并因此让资本主义成为了**自然而然**的事物。最重要的是，就像韦伯将现代性称为"铁笼"一样，让资本主义成为了自然而然的客观现象。然而，如果我们否认这一判断，就可以说正是资本主义对社会的客体化/物化让劳动力转变为一种生产工具。这需要我们对客观性做出新的阐述，让它不再建立在劳动本身的主客体特征之上，而是建立在以自我生成的方式调节自身的系统之上。在这种情况下，经济系统有能力凌驾于参与者的目标之上，这即是它的自我调节的功能体现。

在第一部分中，我将在历史中涌现出的资本主义结构中寻找劳动的位置，借此反驳马克思的主张，即资本（自我增殖的价值）实质上只是劳动（自我对象化的主体性）的一种异化表达。在第二部分中，我将对工人为了解放自身，而与系统性的客观命令展开斗争的劳动做出规范性的阐述。接下来，我将逐章介绍我的论点。

在第一章中，我将马克思劳动价值理论的哲学渊源，追溯至其观念论先辈们自我建构思想中的主体性概念。德国观念论的核心就是尝试将主观世界的"自主性"（autonomy）和客观世界的"他律性"（heteronomy）调和起来。为此，康德将后者视为前者的一种表达，但同时也坚称这两个世界是全然分离且相异的。为了克服这种割裂，黑格尔为自我建构的主体提供了从人类历史中吸纳而来的实质性内容。为此，他为主客体的分离赋予了一种渐进式发展的特性：主体（精神）将其自身"外化"在世界之中，随后在更高的意识层面上"重新内化"那个异己的自身。马克思将这一比喻运用在了劳动上（因为它是黑格尔哲学的理性内核），是为了区分通过劳动对自然进行有目的的改造这一**自然**的自我对象化过程，和由于资本对劳动的侵占而产生的**历史性**的自我异化过程。只可惜，在将黑格尔"唯物主义化"的过程中，马克思在黑格尔"重新内化"自我的对象化尝试与将人性抽象为纯粹的意识之间画上了等号。换言之，由于马克思未能理解黑格尔对于"伦理生活"的洞见及其所蕴含的主体间性维度，从而使得资本主义对社会关系的物化（以及解蔽世界的能动者的主体性）变成了一个自然而然的现象。

马克思并没有将资本主义的批判建立在工人运动的斗争之上，并重新确立现代社会中自我建构的道德观念。相反，他的理论基础——有目的性的劳动是一个本质主义的概念。

在第二章中，我将详探马克思理论中的一种张力：他将批判策略建立在一种超历史的、自我对象化的劳动概念之上，从而这使得他的资本主义批判在历史性的政治经济学批判面前显得软弱无力。这种张力的深层次原因存在于一般性生产中自我对象化的主体性与劳动"资本化"中自我增殖的价值之间。为了不让劳动消融在资本之中，马克思对"劳动"的定义是超历史的，以规避历史性的资本对于劳动的占有。于是，马克思的《资本论》便在对劳动的超历史阐述和历史性论述之间摇摆不定，而马克思本人无法解决这两种批判性策略之间的冲突。

第三章分为三个小节。第一节探讨了马克思对资本形塑劳动的历史性阐述、劳动形塑资本的超历史阐述以及这二者之间的张力。为了显示出前者之于后者的正确性，我提出，劳动只有在工人主动斗争和建构它时，其独立的社会身份才得以凸显。在这种情况下，劳动不可能是交换中价值的隐秘来源。因此，我们需要一种替代性的交换理论来彰显它的主体间性特质。第二部分探讨了马克思将商品的使用价值约简为其物质内容的尝试。在细读了马克思对交换的阐述之后，我认为，马克思承认使用价值是商品的一种社会属性而非自然属性，并非是出于他的本意。在这一前提下，只有在交换这一社会性过程中，商品和服务才获得了它的使用价值。在第三部分中，我转向了齐美尔对货币的"主体间性的"阐释，旨在提供一种社会学的论述，论述交换在商品和服务的价值评定（evaluation）、价值估值（valuation）和社会认可（social validation）中所扮演的角色。

在第四章中，我对马克思的剥削理论进行了阐述。对马克思著作的探讨便到此为止。存在于马克思历史性的政治经济学批判和超历史的资本主义批判之间的张力，表现在对工资合同公平性的争议之中。尽管工人得到了与他们"劳动力"的价值相称的工资，这份工资却不等于工人在受雇期间通过劳动所生产出来的价值。资本剥削劳工的前提，是资本（自我增殖的价值）只不过是（自我客体化的）劳动的一种异化表达。然而，当马克思做出这一断言时，他让工人失去了批判资本主义的能力。马克思以一种将目的性劳动建基于自然属性之上的"本体论"批判，取代了基于劳工运动的斗争而将资本主义置于社会调节之下的规范性批判。因此，我们需要把现代社会自我建构的道德观念从马克思对自我客体化的主体性的自然主义论述中解放出来。

所以，在第一部分的结尾处，我试图"解构"马克思从超历史的"劳动"概念出发所进行的资本主义批判。在第二部分中，我将转向哈贝马斯将自我建构的道德观念建立在主体间性基础之上的尝试，以期能够"重构"劳工运动的历史主义视角。

在第五章中，我先是回顾了从马克思到哈贝马斯的批判理论发展历程，其中重点提到了韦伯的一个观点，即现代社会的客观性是人类劳动工具性特质的直接结果。韦伯凭借这一观点，将马克思对于劳动的自然主义看法转变为哀叹现代性"客观"特征的悲观主义论调。为了回应韦伯这一带有宿命论色彩的判断，卢卡奇称，自我对象化在一定历史条件下呈现为自我物化。无产阶级在克服资本主义制度下的自我对象化的同时，也能够抵抗现代性所带来的物化。然而，由于卢卡奇和马克思一样，对"劳动"概念的构想以主体为中心，因此，他不得不再次重返马克思之前"唯心主义"哲学的前提，进而将资本主义的物化社会"重新内化"。于是，卢卡奇放弃了具有历史意识的"客观性"概念，而以一种超历史的客观来确证韦伯对现代性的悲观论述。这一悲观论调在阿多诺和霍克海默尔那里得到了最完美的阐发。他们声称，现代性的物化现象来源于劳动内在固有的自我对象化的特质。

为了打破这种僵局，哈贝马斯通过"交往行为"构造了一个新的自我建构概念。他进一步发展了现代性的二元论叙事结构，指出存在两种相互补充亦相互矛盾的自我建构形式。一方面，自我建构是**物质性**的，通过对自然进行有目的性的改造来实现；另一方面，自我建构也是**符号性**的，通过论辩中的有效性要求来实现。前一种自我建构的指导原则是**客观**的"工具理性"，而后一种的指导原则是**主体间**的"实践理性"。这两种自我建构分别在"非规范性"的经济系统和受规范性指导的生活世界中被制度化。

只要这两种自我建构停留在其被规定的社会领域中互不干涉，现代性就不会为"痼疾"所困扰。但不巧的是，这二者都展现出了向对方的合法空间迁移的倾向，并因此对现代性造成"破坏"。哈贝马斯认为，批判理论的任务就在于坚守这两种彼此互斥的自我建构形式之间的边界，确保一方的指导原则不去支配另一方。这意味着，我们要捍卫经济系统不受生活世界中规范性程序的妨碍，也要捍卫生活世界不受经济系统"非规范性的"运行机制的侵袭。哈贝马斯之所以能作为一位蜚声世界的批判理论学者，正在于他阻止了系统对生活世界的"殖民"倾向。他认为，"交往行为"是"伦理生活"的资源库。但是，这一观点不仅将"伦理生活"局限于以相互理解为目标的语言，也让语言成为了主体间性的核心组成部分。

然而，由于通过"对话伦理"兑现规范性的有效性申述在进行决策时需要所有行动者的参与，哈贝马斯无法做到在将劳动排除在外的同时而不违反"话语伦理"的原则。

因此在第六章中，我提出，即便在哈贝马斯的论述中，系统的"非规范性"难以与现代性的规范性内容相抗衡，它仍与后者相违逆。在这一前提下，哈贝马斯通过"工具理性"或"功能理性"使系统合法化的尝试，结果却让他的有效性申述从理性的辩论中被排挤出去。因此，我们需要一个更兼容并包的主体间性概念，为系统物化"伦理生活"的能力寻找规范性的依据。

在第七章中，我将探讨霍耐特借助黑格尔的主体间性角度，通过对承认理论的论述，而将工人的斗争和现代性的规范性内容重新接洽起来的尝试。霍耐特的著作之所以重要，是因为他将哈贝马斯对规范性的自我建构扩展到了劳动的领域。他认为工人的斗争是由道德原因驱动的，其目的是纠偏现代社会中对社会价值的不平等分配。于是，由于被排除在外的参与者在现代性的规范性内容之中重新获得了认可，并进行了抗争，"伦理生活"的领域因此便扩大了。从这个角度而言，哈贝马斯对（借助系统）将劳动从现代性的规范性内容中驱逐出去的尝试既不是公正的，也没有充分的理由。不幸的是，霍耐特和哈贝马斯都有一种将经济系统和（由文化所界定的）"伦理生活"划清界线的倾向。霍耐特也因此未能充分理解，工人在反对"伦理生活"的物化和恢复经济系统的道德维度中扮演了多么重要的角色。

在第八章中，我提出，一旦主体间性的概念超越了"符号"的边界，进入了"物质"的领域，系统的"非规范性"特质就会显得形同虚设。在这一前提下，系统"殖民"生活世界的程度是一个社会判断的问题，而不是一种本体论上的差异。换言之，如果在物质和符号形式的自我建构之间没有本体论的区别，系统"对生活世界的技术化"也会带来物化的后果。在这里，物化意味着系统将主体间性分割为两个部分："客观的"自我生成的部分和"主观的"功效最大化的部分。工人运动在调和经济的两个相互分割的部分中发挥了重要作用。从工人运动中诞生了新的由主体间性进行协调的机构，使系统对参与者负起责任。工人运动将工会里原子化的行动者团结起来，对系统使用劳动的方式施以规范性的限制。工人运动和福利国家一道，让"非规范性"的运行机制受到参与者的规范性目标的影响，使经济的外部操作被"重新内化"。因此，新右翼的社会和经济政策都可以被看作恢复系统"非规范性"霸权的尝试。

所以，在系统和生活世界之间、"功能理性"和"实践理性"之间、资本和劳动之间的对立，并不是建立在两种具有本体论层面差异的自我建构形式之上，而是建立在两种历史性的、相互对立的主体间性之上。在前者中，自我建构被转化为自我生成和功效最大化的两种形式。在后者中，自我建构包含规范性的内容。因此，如果不将自我建构的道德观念从系统"非规范性"的运行机制下挽救出来，我们便无法正确看待现代性的规范性内容。

第一部分

第一章　从自我建构到自我对象化

查尔斯·泰勒（Charles Taylor）认为，现代性自其滥觞起便存在着一种对立：人性中自主自决的能力和自然界中决定性的法则之间的对立。这种对立在早期被勒内·笛卡尔理论化为思维物（res cogitans）和广延物（res extensia）这两种不同的实体，因而产生了深远影响。在将世界分割为"非物质的思想"（immaterial thoughts）和"非思想的物质"（unthinking matter）之后，笛卡尔开始思考前者如何才能获得针对后者的"客观性"知识。尽管笛卡尔的名言"我思故我在"为后来者提供了一个获得自我确证的知识的范本，笛卡尔本人却无法弥合"思维"与"存在"之间的鸿沟，而必须求助于一个至善的上帝。(Descartes 1968, p. 158)

为了解决这个问题，康德提出，如果"主体"只能获得关于其自身的准确知识，那么"客观"有效的知识只有在主体建构的客观可知世界中才是可能的。康德将他的这一观点称为"哥白尼式革命"，然而他实际上是将人类置于可知的宇宙的中心位置。因此，即便康德一方面同意大卫·休谟的看法，相信普遍的、必然的因果关系"仅存在于头脑之中，而不在客体之中"（Hume 1978, p. 165），另一方面他拒斥了休谟认为心智结构是由"习俗"所塑造的观点。（Hume 1978, p. 170）与此相反，康德表明，在人类心智中储存着大量理性的范畴，这些范畴为获得客观有效的知识提供了先验条件。康德试图通过"先验演绎"的方式揭示理性主体在建构世界时所扮演的角色。

康德式主体

在接受了笛卡尔对世界的主客二分后，康德提出，当我们作为先验主体作用于"物自体"所在的**本体**世界时，便创造出一个我们作为经验主体所能感知到的**现象**世界。在这一前提下，自我同一的"主体"发挥着"先验统觉"（transcendental unity of apperception）的作用，将源于对"物自体"的诸知觉统一起来，而这种最终将新世界统一起来的**综合**活动属于"先验想象力"（Einbildungkraft）。① 因此康德称，"想象力的纯粹的（生产的）综合之必然统一性原则，先于统觉，成为一切知识，尤其是经验的可能性的根据"（Kant 1929, p. 143）。

在第二版《纯粹理性批判》中，康德强调了自我综合（self-synthesizing）的主体所拥有的生产性能力的重要性。"这种综合是知性作用于感性的行为（Wirkung），是知性第一次作用于我们的直观可能认识的客体，因此它也是对客体产生其他所有作用的基础"（Kant 1929, p. 165）。由牛顿定律所主宰的客观世界便在主体"生产性想象力"（productive imagination）的"自我活动"（self-activity）中显现出来。或许"说知性本身就是自然法则的来源和它形式上的统一性的来源"（Kant 1929, p. 152），这听起来夸大其词，甚至荒诞不经，"但这种说法却是准确的，并始终与它所指向的对象，即经验保持一致"（Kant 1929, p. 148）。在这一基础上，康德声称他已经化解了牛顿式宇宙的他律性和人类主体的自主性之间的矛盾。但是这种说法依赖于一种对人类主体性的二分叙事，即"假设同一个意志从表面上看，也就是从它可见的行动来看，必然遵循自然法则，因此是**不自由**的；但若从它属于一个物自体这个角度来看，它并不遵循自然法则，因而是**自由**的。这二者之间不存在矛盾"（Kant 1929, p. 28）。

然而，在道德行为的领域里，纯粹实践理性占据主导地位。康德认为要想

---

① 正如安德鲁·鲍伊（Andrew Bowie）所说，这个词的重要性在翻译中被遮蔽了，如今它意指形成（bildung）的过程。在这个过程中，感官数据转化为连贯的图像，具有建构我们自身（ein）的力量（Kraft）。

保留人的自主性只有一种可行的方式，即对物质世界的他律性进行抽象概括。尽管康德认为，只有将"纯粹理性"和"感性直观"结合起来，才可能获得客观有效的知识，但他的伦理学却建立在实践理性完全是"超感性的"（supersensuous）这一观点之上，即"所有存在物的实践原则都属同一种，从属于自爱或追求自我幸福的普遍原则"（Kant 1956, p. 20）。这种观点的根源在于，康德将驱动我们"经验的"自我的"物质"利益等同于托马斯·霍布斯所指认的那种利己行为。因此，只有超越了使道德主体处于彼此分隔状态的物质利益，道德主体才能在"目的王国"中达成和解。他赞同卢梭对一种特定的联合的追求，"在其中，每个人在与所有人联结在一起的时候，还能顺从他自己的意愿并像之前一样自由"（Rousseau 1973, p. 174）。但是，康德反对卢梭倡导的实体民主，而更推崇一套让个体与道德意志达成和解的形式民主。

为了实现这一目的，康德认为："任何妨碍意志成为它自身的普遍立法者的准则，都会遭到拒斥。意志因此不是单纯地服从法则，而是必须被视为是自己立法（as itself giving the law），正是由于这一点，意志才是服从法则的（意志可被看作是法则的创作者）。"（Kant 1987a, p. 60）这意味着每一个个体都有义务询问："我的行为是否在遵循一项法则的同时，也能成为在范畴上约束其他所有理性存在者的普遍法则呢？"康德将这一点称为"纯粹实践理性"的"判断规则"，这条规则在被应用时，可化解普遍的"目的王国"中每一个特定目的之间的矛盾：

> 因此，道德就在于将一切行动都与立法联系起来，因为只有立法才能使让目的王国成为可能。这种立法必须存在于每一个理性存在者身上，并且源于他的意志。因此，他的意志的原则是，决不做任何必然矛盾的准则，也就是普遍法则的行为；他的意志的原则总是这样的行为，即在它的准则中，意志可以同时把自己看作是给予普遍法则的行为。（Kant 1987a, p. 60）

在这一意义下，对普遍原则的服从不仅以理性主体的自主性为前提，同时也赋予他们自主性。因此，理性主体无法忽视"绝对命令"对于其自主行动能力的损害。

但是，康德在将卢梭民主制度层面的自我建构转变为一套生产道德法则的形式流程时付出了代价，即"物质性"内容的丧失。因此，康德并没有真正解决霍布斯将物质利益等同于个人利益而产生的现代道德义务问题，他只不过是通过对人类目的的物质内容进行抽象，回避了这个问题。正因如此，康德的理论遗产存在一定问题。一方面，他未能调和纯粹理性批判和实践理性批判之间的冲突。尽管他在《判断力批判》中尝试解决这个问题，将某种目的论的元素再次引入自然界。另一方面，康德以一系列二元对立的概念，在纯粹的、原初的、先验的、普遍的、必然的理性和不纯粹的、给定的、经验的、特殊的、偶然的物质生活内容之间留下了一道难以跨越的鸿沟。在《全部知识学的基础》一书中，费希特反思了康德的理论遗产。

跨越康德式二律背反

一方面，费希特极度赞赏康德让人类"主体性"无条件的自由成为自然世界有条件的"实体"的根基，但另一方面，他又批评康德将"物自体"放在理性主体触不可及的位置上，让它无法为无条件的自由所把握。为了让"物自体"的世界重新回到自我建构的领域之中，费希特提出，理性主体不仅仅"设定"（setzen）自我，也设定自我之中的"非我"（not-self）。"非我本身是自决（self-determining）的自我的产物，在自我之外没有绝对之物，也没有其他被设定之物"（Fichte 1970, p. 195）。

这又引发了另一个问题："物自体"是如何脱离了建构它的理性主体。费希特的答案是，这是由于主体与它所设定的事物的异化/外化（Entäusserung）而产生的①，即"这种独立活动源于假设行为；但是，我们实际上达到的境界并不是假定的，因此在某种程度上，我们可以把后者称为异化"（Fichte 1970, p. 154）。换言之，如果"先验自我"不能和自身相统一，正是缘于某种异己的

———————————

① "Entäusserung"拥有"异化"和"外化"两个意涵。

事物与"自我同一的努力相抵牾"（Fichte 1970, pp. 233 - 234）。然而，一旦主体意识到"物自体"只不过是自我设定活动的异化表达，主体便会发现，自己才是一切看似外在于他的事物的来源。在这一意义上，费希特式主体就拥有了康德所谓的只有"原始存在"才具有的"智性直观"特征。（Kant 1929, p. 90）不过，这又是有根据的，因为"自我活动的理智直觉，是唯一把我们所存在的两个世界，即感性的世界和理性的世界，统一起来的概念"（Fichte 1970, p. 234）。所以，这是"所有哲学脚下唯一一处坚实的立足点，由此我们可以解释发生在意识中的一切现象……"（Fichte 1970, p. 234）

然而，尽管费希特声称他已经化解了"主观性"与"客观性"之间的二律背反，黑格尔却认为，费希特只不过是让客观溶解于主观之中。与费希特不同，黑格尔提出，我们需要一种"主客同一"的实体形式，以调和理性建构自我的自主性能力与物质现实存在的他律性条件之间的矛盾。为此，黑格尔驳斥了笛卡尔最初对世界的主客二分，而倾向于认为是一个自我分化的主体（精神）与它自行分裂（auto-diremption）的能力之间产生了间离。因此，黑格尔并没有将主观性与客观性之间的分离看作是既定的，然后试图将它们重新统一起来，而是认为它们只不过是一个潜在统一体的内在组成部分。在《精神现象学》中，黑格尔通过以绝对知识为终点的一系列辩证过程，考察了主客体同一的发展历程。在精神（Geist）的塑造（Bildung）中，精神经历许多不同的、包含"外化"（Entäusserung）和"内化"（Er-innerung）的阶段或"阶次"（Potenzen）。① 在这个过程中，历史的主体扬弃（aufheben）所有与它对立的事物，直到精神将世界作为自我疏离（self-sundering）的产物包容在内。由此，黑格尔认为："只有研究世界历史本身，才能显示出历史的行进是理性的，是世界精神理性的必然历程。精神的本质自始至终都是同一的，但它的本质在世界发展的过程中才逐渐展开。"（Hegel 1953, p. 12）

黑格尔声称，他已经通过理性的发展叙事，消解了康德在自我建构的阐述

---

① "Potenz"是一个数学术语，意为提升力量、增加或迅速增长。若需有关其哲学用法的详细论述，请参见哈里斯（H. S. Harris）为黑格尔《伦理生活系统》所作的导言。

中所存在的二律背反问题。在这一叙事中，精神意识到世界的物质分化不过是其自我分化的一种物质表达。由此，主体发现实体是它的内容，而实体通过主体的内容认识自身。① 然而，黑格尔的"自我外化的主体性"概念与现代性的两条根本原则相冲突。一方面，自我外化的主体性让"自然"再次带有一种目的论的色彩。它和康德自然的合目的性的这一"规导性理念"（regulative idea）不同，它所具有的实体内容与现代世界的祛魅相违背。另一方面，自我外化的主体性将人的自主性贬低为超人类的精神实现自身的手段。如此一来，黑格尔的"世界是由精神建构"判断，不仅仅将自然"主体化"，也将人"客体化"了。接下来，我将从黑格尔让现代性"再道德化"的尝试出发，探讨人的客体化现象。

黑格尔的道德哲学

如前所述，康德的"目的王国"的实现，是以超越经验主体对于物质利益的分割为代价的。为了得到一个实在性的"伦理生活"概念（Sittlichkeit），黑格尔质疑了康德将物质利益和自我利益等同起来的行为。因此在《法哲学原理》中，黑格尔提出，构成"市民社会"（Bürgeliche Gesellschaft）的经验个体一直都以一种"利他"（以他人为导向）的方式在行动，"其中一个所做的虽然看来是同另一个相对立的，并以为只有同另一个保持一定距离才能存在，但是每一个毕竟要以另一个为其条件"（Hegel 1991，p. 221）。由此可见，与康德对霍布斯利己问题的超验解答不同，黑格尔认为个体对个人利益的追求始终内嵌于"伦理生活"的实体当中，并成为其载体。因此，黑格尔没有剥离个人利益的物质内容，而是提出互相负责和共同合作的精神是内生于"市民社会"的。他赞扬政治经济学"替一大堆偶然性找到了规律"（Hegel 1991，p. 228），正是这些规律管理和调节着"市民社会"。这进一步表明，"特殊是由普遍调节的，因此

---

① 在这一意义上，精神不仅是"同一性与非同一性的同一"，也是"同一性与差异性的差异"，也就是同一中所存留的差异。

每一个人在为自己赚钱、生产和享受的同时，也是在为其他人的享受而赚钱和生产"（Hegel 1991, p. 233）。

　　然而，根据黑格尔的观点，经验个体仅通过利己行为履行其社会义务的事实表明，将他们联系在一起的伦理纽带是以异化（外部）的形式存在的。因此，在劳动分工中，工人们发现他们因各自从事的专门工作而彼此分离，而只有凭借一种高于或超越于他们的相互依赖的系统，他们才能团结在一起。由此，黑格尔提出，将"市民社会"中具体的个体凝聚起来的纽带是抽象的货币。然而，由于货币只有通过一套"外部"强加的经济规则才能再次实现统一，因此，货币便构成了"伦理生活"的一种异化表达——一种超越了特殊行动者直接目的的普遍形式。因此，经济主体并不会感觉到他们的行为是受伦理规范的。相反，"伦理生活"以没有任何规范性内容的、"客观的"经济规则的形式，从外部强加在了原子化的主体身上。

　　基于此，黑格尔转向了国家，以求将利己个体的具体特殊性以及市场力量的抽象普遍性"再道德化"（re-moralize），因为"国家是伦理理念的现实——是作为实体性意志，向自身清楚显示出来的伦理精神，它思考并知道自身，施行并且仅仅施行它所知道的"（Hegel 1991, p. 155）。于是，黑格尔反对亚当·斯密对"不受上层管控的贸易和商业自由"的提倡，并提出："（精神）越是盲目地沉浸在自私的目的中，就越需要这种调整来使它回复到普遍。"（Hegel 1991, p. 262）然而，虽然说"精神是人的类本质"，但国家所体现出的"伦理生活"和经济一样，受一套超主体（sopra-subject）的律令控制，这损害了现代个体对自主性的申求：

　　　　国家本身就是伦理性的整体，是自由的实现……任何对自由的探讨不能从个体的自我意识开始，而必须从自我意识的本质开始，因为无论人知道与否，这个本质作为一个自足的力量实现自我，单独的个体对它而言只是环节（moments）。国家就是神在地上的行进……（Hegel 1991, p. 279）

因此，尽管现代的主体性对伦理精神的实现至关重要，但后者却是建构前者的关系纽带。① 于是，黑格尔批评卢梭"没有将普遍意志理解为绝对理性的要素，而只是将其理解为'共同的'意志，即从个体的意志、自觉的意志中产生出来的意志"（Hegel 1991, p. 157）。黑格尔进一步批评了卢梭让个体的意志而不是将个体凝聚在一起共同从事某项历史性工作的道德原则成为共同意志（the general will）的根源。他认为，是卢梭将社会秩序建立在了一个任意的、偶然的、变化无常的基础上，甚至是以一种外部强加的形式而牺牲"伦理生活"为代价，从而导致了法国大革命的"可怕和残酷"。②

马克思和自我对象化的劳动

马克思认为，黑格尔的国家理论最主要的问题在于："真正的主体即作为结果而出现，实则正应当从现实的主体出发，并把它的对象化作为自己的研究对象。"（Marx 1975, p. 80）在这一点上，马克思和路德维希·费尔巴哈的观点相呼应，认为黑格尔颠倒了人类主体和他们所创造出的现实世界之间原本的关系。然而，马克思并不认为仅通过颠倒黑格尔哲学中的主谓关系就可以恢复人的自我建构能力。在马克思看来，正相反，宗教思想对人的异化（包括黑格尔哲学在内）只不过是人的异化的一种现实形式：

> 费尔巴哈是从宗教上的"自我异化"，从世界被二重化为宗教的、想像的世界和现实的世界这一事实出发的。他致力于把宗教世界归结于它的世俗基础。他没有注意到，在做完这一工作之后，主要的事情还没有做哩。因为，世俗的基础使自己和自己本身分离，并使自己转入云霄，成为一个独立王国，这一事实，只能用这个世俗基础的自我分裂和自我矛盾来说明。

---

① 罗伯特·R. 威廉姆斯（Robert R. Williams）对黑格尔有关"承认"的著作中个体主体性的重要地位进行了重构。
② 黑格尔认为，任何将"人的荒诞无稽的想法"作为社会合理性建构之基础的行为，都意味着人类"只有作为一个集合、一个无形之物才能相互联系，因此其骚乱与活动只能是基础的、非理性的、野蛮的、可怖的……"

因此，对于世俗基础本身首先应当从它的矛盾中去理解，然后用排除这种
矛盾的方法在实践中使之革命化。因此，例如，自从在世俗家庭中发现了
神圣家族的秘密之后，世俗家庭本身就应当在理论上受到批判，并在实践
中受到革命改造。（Marx 1975，p. 80）

尽管费尔巴哈正确地提出了宗教是"一种颠倒的世界意识"的观点，但他却未
能意识到这是因为我们生活在"一个**颠倒的世界**"中。因此，若要想改变黑格
尔哲学中颠倒的世界，就必须改变作为这一世界表象的颠倒的现实。

　　黑格尔国家理论的问题不在于其抽象性，而在于它没有从原子化的主体出
发批判现代国家的抽象性。正是在这一意义上，马克思指出，"之所以有可能从
现实人抽象出现代国家的思想形象，也只是因为现代国家本身是从现实人抽象
出来的……"（Marx 1975，p. 250）于是，只有当"现实的人"以民主的方式团
结起来时，才有可能创造一种真正道德的社会联合体。"民主制是国家制度一切
形式的猜破了的哑谜。在这里，国家制度不仅就其本质来说是自在的，而且就
其存在、就其现实性说来也日益趋向于自己的现实的基础、现实的人、现实的
人民，并确定为人民自己的事情。国家制度在这里表现出它的本来面目，即人
的自由产物。"（Marx 1975，p. 87）然而，虽然民主是马克思接下来的论述中最
核心的元素，但他却选择了劳动作为贯穿始终的主线。马克思之所以选择劳动
而不是民主，是因为前者能从人的主观自由中找到政治经济学中客观法则的根
源。他将黑格尔的自我对象化的主体放在有目的性的劳动中，并相信借此可以
将德国唯心主义的能动因素和费尔巴哈对前者批判中的唯物主义成分结合起来。
为此，马克思表明：

　　　　从前的一切唯物主义——包括费尔巴哈的唯物主义——的主要缺点是：
对事物、现实、感性，只是从客体的或者直观的形式去理解，而不是把它
们当作人的感性活动，当作实践去理解，不是从主观方面去理解。所以，
结果竟是这样，和唯物主义相反，能动的方面却被唯心主义发展了，但只
是抽象地发展了，因为唯心主义当然是不知道真正现实的、感性的活动的。

（Marx and Engels 1970a，p. 121）

在《1844 年经济学哲学手稿》中，最早出现了对这一结合的论述，在其中马克思第一次对自我对象化和自我异化做出了关键性的区分。

马克思认为，黑格尔"自我外化的主体性"概念让两种不同形式的自我建构变得难以分辨：一种是超历史的自我对象化，在这一形式中，人作为一个类①存在物有目地改造自然；另一种是历史性的自我异化，在这一形式中，人作为一个类存在物与自身相疏离。马克思通过这种方式将黑格尔的"自我建构"概念转换到人类"劳动"的概念上，并提出资本主义的后果之一就是劳动的异化。由此，"自我客体化的劳动"概念成为了一项批判资本主义自我调节能力的规范。"正是在改造对象的过程中……人真正地证明自己是**类存在物**。这种生产是人类能动的类生活。通过这种生产，自然才表现为**他的**作品和他的现实。因此，劳动的对象是**人的类生活的对象化**。"（Marx and Engels 1970a，p. 329）但是，自我客体化的主体并不能掌控自身劳动的产物。正好相反：

> ……劳动所生产的对象，即劳动的产品，作为一种**异己的存在物**，作为**不依赖于生产者的力量**，同劳动相对立。劳动的产品是固定在某个对象中的、物化的劳动，这就是劳动的**对象化**。在国民经济学领域，这种劳动的现实化表现为工人的**现实的丧失**，对象化表现为**对象的丧失和被对象奴役**，而占有则表现为**疏离、异化**。（Marx and Engels 1970a，p. 324）

此外，"如果劳动的产品是异化，生产本身必然是活动中的异化，异化的活动"（Marx and Engels 1970a，p. 326）。因此，工人必然在自我客体化的过程中被异化。"和劳动对象相疏离，只是对在劳动自身的活动中发生的疏离、异化的总结"（Marx and Engels 1970a，p. 326）。但是，究竟是什么让劳动与自我客体化

---

① 英语中的"类"（species）译自德语词汇"Gattung"，它的意义还有"种类""类型""种属"，并不一定指向生物学中的意义。

的属性相异化？① 马克思认为，如果工人将他们对象化的劳动产品"看作是一个异己的、敌对的、强有力的并且不依赖于他的对象，那么工人同那个对象的关系和同另一个人，也就是对象的主人——是异己的、敌对的、强有力的并且独立于他的关系"（Marx and Engels 1970a，p. 331）。换言之，生产过程之所以看起来是异化的，是因为劳动被迫为"另一个人"工作，那个人是生产过程的主人。

然而，异化不仅仅是对"敌对的""独立的""强有力的"资本主义的体察。无论工人是否察觉，异化都在发生，因为劳动"在本体论层面"是资本的来源，而资本是自我对象化的劳动的异化表达。在某种意义上，资本正是利用劳动的这一属性，进一步将劳动同资本"相异"仅仅看作是一种外在的必然关系。在这一基础上，政治经济学就将资本主义条件下工人和生产之间的历史性分离看作是**自然而然的**，因而"不考察工人（劳动）和生产之间**直接的**联系，并借此隐藏了劳动本质中的异化"（Marx and Engels 1970a，p. 325）。紧接着，国民经济学将发生在资本主义制度下的这种历史性分离，看作是劳动和生产之间的自然联系。于是，马克思批评国民经济学在本体论层面上对劳动及其产品之间关联的失察。正如克里斯·阿瑟（Chris Arthur）所说，马克思对资本主义的批判建立在"社会生活中绝对的、本体论的面向"之上（Arthur 1986，p. 12），其中，劳动产品使工人的目的客体化。阿瑟又称，若不能将表象之下超历史的自我对象化的劳动和资本主义条件下历史性的劳动并置而观，"私人财产和交换"就会看起来像"生产活动本身一样绝对"（Arthur 1986，p. 12）。② 这会阻碍马克思对"积极扬弃异化的条件"的把握。（Arthur 1986，p. 12）

然而，需要厘清的是，认为马克思主义只有在扬弃资本主义的条件"内在"

---

① 马克思与黑格尔一样，假定在构成某实体的本质的必然属性和另一实体对这些属性的偶然所有权之间存在区别。

② 为了强调这一点，阿瑟提出：在《1844 经济学哲学手稿》中，马克思对"劳动"——即"异化劳动"和"生命活动"以及"生产性生命"——即（非异化的）自我对象化的类活动之间做出了系统性区分。然而，我认为这一区别并不存在。相反，马克思有时用"劳动"一词来指代异化劳动，而有时又用其指代自我客体化的主体性。

于资本主义时才有可能，和认为扬弃资本主义的条件根植于一个本体论的（自我对象化的）劳动概念，是完全不同的两件事。当马克思将一个普遍的劳动概念和它特殊的资本主义形式对应起来时，他极有可能犯下了和他所批判的政治经济学一样的错误——把劳动从它的历史语境中割裂出来，并赋予它超历史的性质。这指向了马克思论述中的一种张力：一方面，他尝试赋予国民经济学的范畴以历史的维度，让其建立在资本主义的基础上；另一方面，他从一般性生产的超历史角度批判了资本主义。因此，马克思有时会强调人的社会本质，即"无论是劳动的材料还是作为主体的人，都既是运动的结果，又是运动的出发点……因此，社会性质是整个运动的普遍性质；正像社会本身生产作为人的人一样，社会也是由人生产的"（Marx 1975, p. 349）。对此，马克思有一处广为人知的表述，"人的本质并不是单个人所固有的抽象物，实际上，它是一切社会关系的总和"（Marx and Engels 1970a, p. 122）。然而，在多数情况下，马克思对人类劳动的表述是自然主义的，即被看作是一种无关具体社会形式的自我对象化劳动。① 这在某种意义上赋予了社会关系一种客观的性质，而无视其历史的呈现形式。因此，对黑格尔而言，自我对象化是自我异化的一种形式，它必须被"重新内化"以重建"伦理生活"；而在马克思看来，任何重新内化社会现实的客观性尝试，都将被看作是对物质世界的废除。

马克思对黑格尔唯心主义的批判

在对黑格尔的批判中，马克思首先赞扬了黑格尔将历史看作是一种异化了的人类的自我建构过程，即"黑格尔把人的自我创造看作一个过程，把对象化看作对象的丧失（Entgegenständlichung），把异化看作对异化的扬弃……他因此抓住了**劳动**的本质，把对象性的人——现实的因而是真正的人——看作他**自身劳动**的结果"（Marx and Engels 1970a, p. 386）。接下来马克思表达了惋惜：

---

① 在《马克思的幽灵》中，德里达提出，《德意志意识形态》之所以以大量篇幅猛烈攻击马克斯·施蒂纳，是因为马克思无法"驱除"他自身对于人学本体论的依赖。

"黑格尔只知道并承认一种劳动，即**抽象的精神的劳动**……"（Marx and Engels 1970a, p. 386）因此，对黑格尔而言，"人的本质，人，等同于自我意识"，而"人的本质的异化就是自我意识的异化"（Marx and Engels 1970a, p. 387）。这即是说，黑格尔在"外化"（Entäusserung）之下的"对象化"（Vergegenständlichung）和"异化"（Entfremdung）之间画上了等号。① 而当黑格尔呼唤对异化的扬弃时，他也在呼唤"扬弃对象性……因为并不是对象的一定的性质，而是它的对象性的性质本身，对自我意识来说是一种障碍和异化。"（Marx 1975, p. 391）"因此，重新占有在异化规定内作为异己的东西产生的人的对象性本质，不仅具有扬弃异化的意义，而且具有扬弃对象性的意义。"（Marx 1975, p. 386）由此表明，在马克思那里，自我对象化的过程完全包含在一种不扬弃自然世界就难以被扬弃的纯粹的自然状态之中。

然而，马克思对黑格尔的批判并没有说服所有人。基里安·罗斯（Gillian Rose）提出，"马克思对黑格尔的理论体系做出了费希特式的解读，将其视为没有条件限制的绝对理念，而自然从中涌流而出。这不是对决定论的指认，而是对决定论的创造"（Rose 1981, p. 214）。② 罗斯认为，黑格尔的自我对象化的主体等同于**人**的意识，而不是同一的主客体精神。而马克思对黑格尔的批判与黑格尔对费希特的批判彼此呼应，因为黑格尔认为费希特主要的问题在于"主观确实成为了主客同一，而不是客观；因此主体不等于客体"（Hegel, quoted in Lukács 1971b, p. 268）。与费希特相反，黑格尔提出：不是将"客观的"世界浸没在（人类的）"主观"中（马克思便持有这样的看法），而是将世界看作分裂成主观和客观两个组成部分。因此，扬弃异化（外化）不是废除客观性本身，而是在"绝对精神"的内部协调主观性与客观性。

> 无论是主观或是客观，其单独一方都不能构成意识；纯粹的主观和纯粹的客观一样抽象；独断的唯心主义认为主观是客观的真正根基，独断的

---

① 虽然阿瑟曾提醒我们，黑格尔不用"对象化"（Vergegenständlichung）一词，而是使用"外化"（Entäusserung）。

② 理查德·温菲尔德也批评马克思将黑格尔的探讨贬低为"一种自我论的论断"。

> 唯物主义认为客观是主观的真正根基……但正如唯心主义断定意识具有统一性，唯物主义同样坚称意识具有二重性。 （Hegel，quoted in Lukács 1971b，p. 271）

因此，当黑格尔将绝对精神看作是自我意识的载体时，马克思对于黑格尔将人"等同于自我意识"的批判是错误的。正因如此，对**异化**的扬弃不等于对**客观性**的扬弃。正相反，黑格尔所关切的是为现实世界的客观性提供道德上的合法性，以反对卢梭从民主角度对道德合法性的论述。

因此，马克思决定舍弃唯心主义中的"重新内化"阶段，这不仅使资本主义社会的客观性自然化，还使马克思主义的规范性内容具体化，尽管事实上，将资本主义社会理论化的行为就是"重新内化"它。因此，问题不在于"我们如何才能避免重新内化的过程"，而在于"是什么条件催生了重新内化的过程"。

认识论与社会批判

马克思是一个实证主义者，因为他想要对资本主义社会做出客观的而非道义上的批判，进而倾向于一种"科学社会主义"的论述。然而，这取决于他是否能够超越他所审视的社会秩序。这又将我们引向了马克思的批判性立场的基础问题。由于在反对资本主义社会的斗争中，马克思拒绝对资本主义进行规范性的批判，这使他有陷入缺乏社会基础的主观批判的危险。

如果我们研究马克思对主观性的论述，会发现他的表述与康德的三分论十分相似。马克思认为，主观性体现为如下形式：1）社会性（有目的性的劳动）的（超验的）来源；2）感受到其所处的社会是外在的、异化的（经验的）工人；3）"客观"知识的承载者（马克思）。作为"客观"知识的承载者，只有马克思意识到，经验的工人所付出的劳动具有自我对象化的能力。然而，这便会引出一个问题，即马克思是在什么条件下获得了这样的知识。若将马克思与黑格尔做比照，会有助于这个问题的解答。为了在超验的主观性和经验的主观性之间进行调和，黑格尔称，康德已经预设了第三种形式的广泛主观性（expanded subjectivity），将其余两种包含在内（即内化）。他认为精神是这一更高层次的、更兼容并包的知识的本原。康德哲学只不过是黑格尔在扬弃现代主客观二分时的一个阶段。因此，精神在辨认出自身的自我外化是社会的基础时，它不仅克服了它的分裂，也获得了关于它在世界之中（和世界在它之中）的绝对知识。在这个意义上，黑格尔哲学是精神辨认出自身即是历史主体的工具。即便看似不合理，这却为黑格尔哲学提供了一个在世的视角，精神对绝对知识的获得是黑格尔哲学得以出现的前提条件。

　　然而，对马克思而言，自我对象化的主体在对象化的过程中被异化了，所以主体并未意识到它即是社会的根基。此外，即便经验的工人感受到社会是统治他们生活的一股敌对的力量，他们却无法意识到自己便是那力量的源泉。因此，在异化的境况中，工人无法成为马克思关于劳动世界建构力量的理论基础。而自我对象化的劳动主体，也就无法成为马克思批判立场的基础。相反，马克思的"社会科学"必须超越资本主义的历史视野才能予以理解。于是，马克思转向了以"一般性生产"为基础的超历史本体论。他也因此无法从内部阐明其理论主张何以可能的条件。

　　因为马克思相信，对资本主义的论述只有客观（唯物主义的）和主观（唯心主义的）之分，于是他保留了黑格尔设法扬弃的主客二分。只不过，在对知识的对象（例如资本主义）进行理论化时，马克思难免将其再度内化到理论中（例如《资本论》）。黑格尔可以宣称他对现代社会的理论化和社会中主体不断涌现的自我意识是同一的，而马克思却只能像康德那样，与社会的生产性主体相分离。因此，尽管马克思有能力以"上帝的视角"观察历史的行进，但"重新内化"的行为（马克思主义）却只是呈现为一种单独个体（马克思）的成果。在这一意义上，马克思宣称他对资本主义做出了"客观的"论述似乎不甚可信，甚至比黑格尔宣称他表述出了有关一个绝对主体的知识还要令人生疑。在探讨现代性的道路上，马克思遇到的阻碍比黑格尔所遇到的更为艰难。因为于马克思而言，资本主义是一个自我神秘化的实体，它将自身的起源系统性地隐匿在人类劳动当中。

　　为了修正马克思在认识论上的缺陷，我认为有必要具体说明孕育出马克思主义的社会条件是什么。当然，所有谈到马克思的思想发展史的作品都要完成这件事。欧洲北部工业资本主义的诞生带来了社会动荡，而马克思主义便寄生其间。众所周知，马克思从政治经济学中，特别是大卫·李嘉图和他之后的社会主义者那里吸收了劳动价值理论。之后，马克思在他们对劳动的论述中融入了德国唯心主义的"自我建构"概念，以对抗资本主义社会自我增殖的律令。只可惜，马克思用一个超历史的范畴——自我对象化的劳动取代了工人运动为从系统自我生成的逻辑中解放出来的斗争。在这一过程中，马克思利用了黑格尔所说的从"市民社会"中产生的主客二分。在舍弃现代性的规范性内容之后，马克思的"科学社会主义"只会使资本主义的社会关系趋于自然化。

正是社会斗争为马克思的立场提供了基础，而他却未能正确地对待它。这让马克思悬荡在对资本主义社会"客观的"和"主观的"阐述之间。在接下来的三章中，我将在马克思"成熟的"经济学著作中寻找这一失察的后果，寻找其中蕴含的张力、前后不一致和矛盾之处。他将对资本主义的批判建立在一般性生产的超历史条件中，这与他充满历史意识的政治经济学批判相比显得缺乏说服力。我将从这个问题开始我的探讨。

第二章　马克思的政治经济学批判与资本主义批判

在《批判理论和政治经济学》(*Critical Theory and Political Economy*) 这篇谈论马克斯·霍克海默的文章中，莫伊舍·普殊同 (Moishe Postone) 和芭芭拉·布里克 (Barbara Brick) 称：

> 在马克思成熟时期的理论中，劳动构建社会世界、创造所有财富的观点仅限于资本主义社会或现代社会，而不是一般性的社会。此外，他在分析中提到的劳动也不是通常的、超历史的劳动，即目的导向的、中介人与自然并以特定方式改造物质世界的社会活动。相反，马克思分析了只在资本主义社会中扮演独特角色的劳动，即劳动成了一种新的社会依存的媒介……它是抽象的、近乎客观的，且在历史中变动不居。换言之，资本主义的劳动是一种具有特定历史形式的社会媒介，它为现代性的一些基本特征奠定了社会基础。(Postone and Brick 1993, pp. 247-248)

显然，这种看法和我的观点彼此冲突。尽管我同意普殊同和布里克所说的，对马克思而言，劳动在"构建社会世界"中起着关键作用，但我并不认为这仅仅适用于"资本主义社会或现代社会"。正相反，我认为，马克思对资本主义的批判根植于超历史的劳动中，在所有生产方式中都是如此，概莫能外。无论社会关系呈现出怎样的历史形式，它都是劳动建构的结果。在这一章中，我旨在细致考察存在于马克思论述经济的文本中的前后矛盾，并借此为我的观点提供依凭。

如前所述，马克思尝试在资本主义社会关系的表象之下，发现一种自我建构的主体性，这最早可追溯到《1844年经济学哲学手稿》。随后，马克思和恩格斯一道，在1847年的《德意志意识形态》中沿着一般性生产的路径进一步阐发了这个主题。为此，马克思和恩格斯称："当个体表达其生命时，他便存在。因此，个体的本质和他们的生产——生产的对象和方式保持一致。个体的本质取决于决定其生产的物质条件。"（Marx and Engels 1970a，p. 42）然而，若将这句话理解为社会生活仅仅只依赖于物质生产，那可就大错特错了。相反，马克思的"唯物史观"意味着，社会生活不仅仅建立在劳动对自然有目的性的改造之上，后者更与前者在本体论层面有着密不可分的联系。因此，尽管马克思在后续的写作中再未提到"类存在"的概念，但这个概念却被改头换面为"一般性生产"和"现实的""简单的"或者"实际的劳动过程"。于是，德里克·萨耶（Derek Sayer）提出："马克思系统性地且持续不断地将他之前的理论家所使用的范畴重新表述为毫无歧义的超历史的或历史的概念，超历史的概念建立在他对一般性生产的分析之上，历史性的概念建立在他分析的结论之上"①（Sayer 1979，p. 147）。马克思也有过相似的表述：

> 一方面，我们在指明劳动过程中各元素的同时，结合了其在一定历史阶段的特定社会特征；另一方面，我们又加入了独立于任何社会形态的一种元素，它是劳动过程不可分割的一部分，是人与自然之间永恒交换的一部分。（Marx 1976，p. 998）

因此，与普殊同和布里克所说的相反，马克思相信：为了发现让一般性生产成为可能的条件，从作为一种特定历史形式的资本主义社会关系中进行抽象，不仅仅是可能的，更是值得尝试的。

"一般性生产"这个概念对马克思的资本主义批判和政治经济学批判都有所影响。他的政治经济学批判的核心观点是：国民经济学混淆了资本对劳动过程

---

① 然而，我质疑马克思以"系统性""持续性"或"毫无歧义"的方式贯彻这一策略的程度。

的占有和劳动过程本身。马克思认为，其结果是"（国民）经济学家将劳动过程中的物质要素转化为资本，仅仅是因为资本自身变成了劳动过程中的物质要素**之一**"（Marx 1976，p. 998）。这便制造出一种错误的印象，即资本主义是与一般性生产中的物质要素相一致的自然而然的事物。然而，虽然所有资本都是物化劳动，但"并非所有作为手段被用于新生产的物化劳动都是资本"（Marx 1973，p. 258）。相反，资本不是一个物，而是一种社会关系。① 因此，马克思不可能在不区分超历史的自我对象化过程和历史性的自我异化过程的前提下，对古典政治经济学进行批判，即"资产阶级经济学家受一定的社会历史发展阶段的观念的严重束缚，在他们看来，劳动的社会力量物化的必然性是跟这些力量同活劳动相异化的必然性分不开的"（Marx 1973，p. 823）。

在这一意义上，马克思的政治经济学批判提出，后者（古典政治经济学家）错误地将资本在历史中涌现出的特质和一般性生产超历史的特质混为一谈。这将资本主义正当化了，使其不受社会变革的影响。为了驳斥这一观点，马克思意图将资本主义社会关系的特殊性从一般性生产的结构中分离出来。为此，马克思从历史的角度批判了古典政治经济学，以重新把古典政治经济学中超历史的范畴放置到现代资本主义社会关系的土壤之中。但他同时也采用了另一种与此相对的批判策略，即将一般性生产从"失常的"（deranged）资本主义社会关系中分离出来。因此，即使马克思的本意是批判古典政治经济学家把资本主义描绘为"独立于历史的永恒自然法则"的行为，但他保留了"独立于历史的永恒自然法则"这个概念，并将其作为自己资本主义批判的起点。

然而，马克思愈是尝试在资本主义社会关系的基础上赋予古典政治经济学的范畴以历史性，他就愈有可能消解一般性生产的超历史性；他愈是在一般性生产的基础上批判资本主义，他就愈有可能将只与资本主义相伴而生的范畴正当化。为了全面理解这个问题，我们有必要考察马克思对生产与交换之间关系的论述。马克思认为，资本主义条件下的生产以交换为其目的，交

---

① 因此，亚当·斯密提出："资本是'作为手段被用于新劳动（生产）的那种积累的（已实现的）劳动（确切地说，物化劳动）'，那就是只看到了资本的物质，而忽视了使资本成为资本的形式规定。"（《马克思恩格斯全集》第 46 卷上，人民出版社 1979 年版，第 225 页。）

换调节着生产。在这一意义上，交换为一般性生产赋予了一种特定的社会形态，并且反作用于生产，渗透着生产。但是，生产必须抵抗交换带来的全面商品化（即历史化），否则资本主义便会废除使一种超历史的批判成为可能的条件。

存在于历史性的交换和超历史的生产之间的区别，构成了马克思区分"古典"政治经济学和"庸俗"政治经济学的基础。因此，马克思一方面认为，李嘉图将历史性的交换抽象化是"科学的"，因为其揭示出劳动是价值的来源；而另一方面，他斥责萨耶"在那些关系显而易见的框架里茫然挣扎"，因为他否认在资本主义条件下劳动不仅仅只是商品。然而，马克思批评李嘉图忽视了资本主义的生产是以交换为目的而进行的。这赋予劳动一种特定的资本主义形式，而李嘉图的"具体劳动"价值理论未能认识到这一点。因此，马克思想要严肃对待萨耶所强调的交换关系，因为交换赋予了一般性生产以特定的社会形态。这中和了他对李嘉图的肯定。与此同时，马克思只能在交换层面批判李嘉图，否则便会威胁到自己的劳动价值理论。这是因为，交换原则没有涉及劳动在价值生产中所扮演的角色。因此，马克思越是接近对资本主义的历史的、具体的分析，他就越来越远离"一般性生产"这个概念。

一般性生产

马克思对一般性生产最清晰也最具体的论述出现在《资本论》第一卷的"劳动过程和价值增殖过程"这一章中。在这一章的前半部分，马克思对资本主义生产的历史形式进行了总结（抽象），以发现蕴藏在所有生产方式中生产的超历史内容。马克思解释了自己采用此方法的合理性，即"使用价值或物品的生产，是为了资本家、并且在资本家的监督下进行的，但这并不改变那种生产的一般性质"（Marx 1976，p. 283）。这是因为，劳动"首先是人和自然之间的过程，是人以自身的活动来引起、调整和控制人和自然之间的物质变换的过程"（Marx 1976，p. 283）。因此，马克思并未试图把劳动放在一个特定的社会背景中，而是声称劳动在不受社会中介的前提下，作为一种"自然力""与自然物质相对立"（Marx 1976，p. 283）。因此，区别人类劳动与动物劳动的不是劳动的社会性，而是劳动的目的性：

> 蜘蛛的活动与织工的活动相似，蜜蜂建筑蜂房的本领使人间的许多建筑师感到惭愧。但是，最蹩脚的建筑师从一开始就比最灵巧的蜜蜂高明的地方，是他在用蜂蜡建筑蜂房以前，已经在自己的头脑中把它建成了。劳动过程结束时得到的结果，在这个过程开始时就已经在劳动者的头脑中存在着，即已经观念地存在着。[①]（Marx 1976，p. 284）

在这一意义上，一般性生产是这样一个"物质交换"过程，在其中"主体"有目的地改造物质世界，而经过物质改造的世界是劳动目的的"客体化/对象化"，即"人不仅使自然物质发生形式上的变化，也在那些自然物质中实现自己的目的"（Marx 1976，p. 284）。正是这种主客体之间的互动关系为主体赋予了物的属性。"这一过程的产品是使用价值，是经过形式变化而迎合人类需要的自然物质。劳动与劳动对象结合在一起。对象被加工了（verarbeitet），而劳动被物化了（vergegenständlicht）"（Marx 1976，p. 287）。于是，将自然置于劳动的"主权权力"之下所付出的代价是自然对劳动的支配。[②] 尽管劳动有目的性地塑造着自然，自然反过来也"作为规律决定着他的活动的方式和方法，他必须使他的意志服从"（Marx 1976，p. 284）。紧接着，马克思以如下方式总结了超历史的一般性生产：

> 劳动过程，就我们在上面把它描述为它的简单的抽象的要素来说，是制造使用价值的有目的的活动，是为了人类的需要而占有自然物，是人和

---

① 如理查德·温菲尔德所说："最开始是这样的劳动，是自我意识在不依赖社会关系的系统的情况下变为具体现实的原初实践。"

② 在《剩余价值理论》中，马克思写道："人本身是他自己的物质生产的基础，也是他进行的其他各种生产的基础。因此，所有对人这个生产主体发生影响的情况，都会在或大或小的程度上改变人的各种职能和活动，从而也会改变人作为物质财富……的创造者所执行的各种职能和活动。"（《马克思恩格斯全集》第 26 卷上，人民出版社 1979 年版，第 300 页。）

自然之间的物质变换的一般条件，是人类生活的永恒的自然条件，因此，它不以人类生活的任何形式为转移，倒不如说，它是人类生活的一切社会形式所共有的。(Marx 1976，p. 290)

然而，"有目的性的活动"不仅在使用价值的物质性转化中，也在资本主义社会的历史性转化中，将自身物化。因此，在马克思把一般性生产从资本主义中分离出来后，他提出，资本主义仍依赖于一般性生产的社会力量。马克思从商品的二元结构出发论证了自己的观点。

商品的二元结构

在《资本论》的开头，马克思称："资本主义生产方式占统治地位的社会的财富，表现为'庞大的商品堆积'，单个的商品表现为这种财富的元素形式。"(Marx 1976，p. 125) 在资本主义条件下，"财富"贮藏于商品之中，就商品既是物质实体又是社会实体而言，它具有一种二元结构。商品的物质内容是它的"使用价值"，相当于"商品的物理形态，比如铁、谷物、金刚石，是使用价值或是有用之物"。因此，使用价值"构成财富的物质内容，无论财富的社会形式是什么"，而商品的社会形式是它的"交换价值"，即使用价值在交换过程中采取的货币形式。

马克思接着问道，究竟是什么让如此特殊的、具体的、感性的、物质的、经验的和迥然相异的使用对象能彼此进行交换呢？马克思认为，原因不在于使用价值本身，因为除了物质性的差异，这些物之间别无其他共通之处。那么，一定有某些外在于使用价值的东西能让它们彼此交换。马克思认为，答案就是人类劳动。如果我们对商品的使用价值进行抽象，那么，"只剩下一个属性，即劳动产品这个属性"(Marx 1976，p. 128)。[1] 在这一意义上，商品的二重性和生产商品的劳动的二重性相匹配，后者决定前者。

---

[1] 马克思清楚地知道，并非所有的使用价值都是"物质"，因此并非所有的使用价值都是劳动的产品，但要将这些复杂的枝节暂且搁置，以便关注总体的理论。

作为物质性对象，商品是"有用劳动"或"具体劳动"的产物。"各种使用价值或商品体的总和，表现了同样多种的、按照属、种、科、亚种、变种分类的有用劳动的总和……"（Marx 1976, p. 132）尽管具体劳动和使用价值一样，随着时间和地点的变化而变化，但具体劳动是构造所有人类社会的基础材料，无论其社会组织形式作何改变。"因此，劳动作为使用价值的创造者，作为有用劳动，是不以一切社会形式为转移的人类生存条件……"（Marx 1976, p. 133）由此可见，具体劳动是一种"自然力"，它与自然相结合以创造（经过物质改造的）使用价值。然而，作为社会实体的商品是"社会劳动"或"抽象劳动"的产物。抽象化的劳动为具体的、异质性的使用价值赋予了一种同质性。即便如此，马克思对抽象劳动的论述却是不完整的。如果鲁宾（I. I. Rubin）的《马克思价值理论论文集》没有出版，我们或许会完全忽略这一点。鲁宾的作品随后开创了一个独特的马克思主义学派，这个学派与普殊同、布里克一样，强调马克思劳动价值理论的历史性。

但是，当马克思第一次在《资本论》中提出"抽象劳动"概念时，这个概念似乎指向一种同质化的体力劳动。因此，在对商品感性的、经验的特征进行抽象后，马克思称："它们剩下的只是同一的幽灵般的对象性，只是无差别的人类劳动的单纯凝结……"（Marx 1976, p. 128）在《政治经济学批判大纲》中，马克思通过资本主义之下的劳动分工为抽象劳动奠定了一个历史性的基础，这让问题变得更加复杂。据马克思所说，资本主义条件下的劳动变得"越来越成**为纯粹抽象的活动**，纯粹机械的，因而使无关紧要的、同劳动的特殊形式漠不相干的活动；单纯**形式**的活动，或者同样可以说单纯**物质的**活动，同形式无关的一般意义的活动"（Marx 1973, p. 297）。然而，正如萨耶所说，这让马克思以李嘉图及其社会主义追随者的方式，在劳动和价值之间建立起一种天然的关联。（Sayer 1979, p. 20）但是，马克思寻找的却是二者之间一种特定的社会关联。因此，鲁宾的论断就变得格外重要。他提出，抽象劳动所指的不是生产中（社会）劳动的同质化，而是在交换中具体事物的"抽象化"。（Rubin 1973, pp. 131-158）一旦所有物质内容在交换中被抽出，具体劳动就采取了它的社会形式，即抽象劳动。① 为此，马克思称，在使用价值最简单的交换中能够发现某种抽象的元素：

> 为了表明织不是在它作为织这个具体形式上，而是在它作为人类劳动这个一般属性上形成麻布的价值，我们就要把缝这种制造麻布的等价物的具体劳动，作为抽象人类劳动的可以捉摸的实现形式与织相对立。（Marx 1976，p. 150）

然而，交换越是主宰着生产，某种特定的"使用价值"就越会展示出它表现抽象劳动的功能。"等价形式同这种特殊商品的自然形式社会地结合在一起，这种特殊商品成了货币商品，或者执行货币的职能。"（Marx 1976，p. 162）如此一来，货币成为了抽象劳动的"物质"表达，成为了"一般等价物"，在所有使用价值的交换中充当媒介。因此，尽管在所有初级交换中都隐含劳动的抽象，但只有在普遍化的商品生产中，使用价值以抽象劳动为基础的质的等价（equalization）通过货币数量表现出来。所以，只有在资本主义中，使用价值获得了一种"客观的"社会形式，促进了使用价值的交换。"在一切社会状态下，劳动产品都是使用物品，但只是历史上一定的发展时代，也就是使生产一个使用物所耗费的劳动表现为该物的'对象的'属性即它的价值。"（Marx 1976，pp. 153 - 154）然而，由于抽象劳动在价值生产中所发挥的作用被隐藏在交换过程中，因此在人们看来，价值就成为了它自身"增殖"的原因。

自我物化的劳动与自我增殖的价值

马克思对资本主义的批判建立在这样的主张之上，即劳动被资本所颠倒，资本是颠倒了的劳动。虽然劳动为资本主义社会创造生机，是其灵魂所在，但

---

① 在《政治经济学批判大纲》中，也能找到相似的表述。马克思写道："所有生产都是个体的物化。然而，在货币（交换价值）中，个体不是以其天然的特性被物化，而是以一种社会的特性被物化，与此同时，这一社会特性是外在于他的。"

是劳动的力量被贬抑为价值增殖的一种手段。只可惜，在诸如阿尔都塞这类理论家的学说中，马克思批判策略的这一面被掩盖了，因为在他们看来，"颠倒"这个概念仅仅出现在马克思早期的写作中。为了对马克思主义做出"科学的"论述，阿尔都塞试图将规范性的残余从马克思的资本主义批判中清除出去。然而，在阅读《资本论》时，我们不可能没注意到，马克思是如此依赖于康德对主客体的区分——作为自身目的的主体和作为主体实现目的的手段的客体。正如罗斯·阿比奈特（Ross Abbinnett）所说："意识形态、异化和商品化的概念描述出了'资本'的负面统一性（negative unity），这些概念是由康德所指出的人的（生产）自发性和'资本主义生产的自然法则'之间的对立所决定的。"（Abbinnett 1998, p. 112）所以，"活劳动"是生产的"主体"，是"赋予生产工具和充满死物的世界以生机的塑造形象的火"：

> 机器不在劳动过程中服务就没有用。不仅如此，它还会由于自然界物质变换的破坏作用而解体。铁会生锈，木会腐朽。……活劳动必须抓住这些东西，使它们由死复生，使它们从仅仅是可能的使用价值变为现实的和起作用的使用价值。它们被劳动的火焰笼罩着，被当作劳动自己的躯体，被赋予活力以在劳动过程中执行与它们的概念和职务相适合的职能，它们虽然被消费掉，然而是有目的地，作为形成新使用价值，新产品的要素被消费掉……（Abbinnett 1998, pp. 289-290）

然而，这一自我推进、自我驱动、自我实现的活动却被资本所颠倒了，资本剥夺了劳动设定目标的特权，反为资本的自我增殖服务。

资本家把他手中的货币变成商品，把活劳动嵌入商品无生命的物性中，货币因而成了一件新产品的原料和劳动过程中的要素。同时，资本家也将价值，也就是物化了的、无生命的曾经的劳动，转变为了资本。资本是可以自行增殖的价值，是一个被赋予了生命的怪物。它开始"工作"，"好像害了相思病"。（Abbinnett 1998, p. 302）

因此，资本越是成功地将活劳动自我对象化的主体性转变为资本主义生产自我增殖的系统，这个系统看上去就越像"一个活过来的怪物"①，一个自我驱动的死的生命。它像吸血鬼一般"只有吮吸活劳动才有生命，吮吸的活劳动越多，它的生命越旺盛"（Abbinnett 1998, p. 342）。在这种情形下，资本主义"占据支配地位的主体"就不再是劳动，而是价值：

> 价值时而采取时而抛弃货币形式和商品形式，同时又在这种变换中一直保存自己和扩大自己；价值作为这一过程的扩张着的主体，首先需要一个独立的形式，把自身的同一性确定下来。（Abbinnett 1998，p. 342）

在这一意义上，劳动和资本之间的矛盾根源于两个相互对立的"主体"间的矛盾：一是超历史的（自我物化的）劳动，于它而言，生产工具只是"（工人）自己有目的的生产活动的手段和材料"（Abbinnett 1998, p. 425）；二是历史性的（自我增殖的）价值，于它而言，生产工具"立即转化为吮吸他人劳动的手段"。因此，资本越是成功地将劳动的目的转变为价值增殖的手段，资本看上去就越是不由自主地受自身积累逻辑的统治。

> 不再是工人使用生产资料，而是生产资料使用工人了。不是工人把生产资料当作自己生产活动的物质要素来消费，而是生产资料把工人当作自己的生活过程的酵母来消费，并且资本的生活过程只是资本作为自行增殖的价值的运动。（Abbinnett 1998，translation modifified）

在《直接生产过程的结果》这一章中，马克思无比清晰地阐述了这一目的和手段的颠倒：

> 资本家对工人的统治即是物对人的统治，是死劳动对活劳动的统治，

---

① 托马斯·基南（Thomas Keenan）提醒我们，马克思经常把资本主义描述为一个"怪物"（unge-heuerlichkeit）。只可惜，马克思在《资本论》开篇第一句中将资本主义财富称为"怪物般的商品堆积"（ungeheure Warensammlung），这一表达在英语译本中往往被译为"庞大的商品堆积"（immense collection of commodities）。

是产品对生产的统治。因为，商品作为统治工人的工具……只不过是生产过程的结果，是生产过程的产品。因此，在物质生产的层面上，就社会领域内的生命进程而言……我们所发现的情况和意识形态层面上的宗教相同，也就是主客体的颠倒……我们在此处面对的是人与他自身劳动的异化……劳动过程本身只不过是增殖过程的工具而已，就好像产品的使用价值只不过是它交换价值的贮藏罢了。(Abbinnett 1998，p. 990)

因此，只要资本成功地"颠倒"(verkehrter) 了劳动，它就创造出了一个拥有生命的、"失常的"① (verrückten) 社会，创造出了一个上下颠倒的世界 (verkehrter Welt)。② 在这个世界中，"正常的"目的与手段、主体与客体、人和物的次序被逆转了③；在这个世界中，"死"物获得了生命，而"活"劳动变成了机器中的幽灵；在这个世界中，具体劳动取得了抽象的形式，抽象的社会力量获得了具体的内容。这是一个失常的、赋魅的、神秘的世界，"资本主义生产所固有的并成为其特征的这种颠倒，死劳动和活劳动、价值和创造价值的力之间的关系的倒置……"(Marx 1976，p. 425) 简言之，这是一个恋物的世界。在其中，人自我对象化的力量被转变为了资本自我增殖的力量。

商品的恋物癖及其秘密

《资本论》中的"拜物教"④ 概念，如阿尔都塞所说，是"多元决定的"(overdetermined)。它不仅将马克思早期作品中包括宗教批判在内的一系列主题统摄起来，而且它指向资本主义内部发挥作用的一系列过程。但是，我主要

---

① 这两个词汇有一个共同的意项"颠倒"，但"kehr"意为"转弯"，"ruck"意为"返回"。
② "一个颠倒或反转的世界"(verkehrter Welt) 这个概念在 18 世纪晚期和 19 世纪早期的德国运用甚广，它表示了非正常形式的、违背事物自然秩序的颠倒。
③ 只可惜，马克思批判中的这个方面往往在翻译中被遮蔽。企鹅出版社出版的《资本论》将"verrückung"译为"扭曲"(distortion)，将"verrücktheit"译为"荒诞"(absurdity)，将"verrückten"译为"荒诞的"。
④ "拜物教"的概念具有漫长的文化历史，在马克思所生活的时代被广泛使用于指代"原始的"对无生命之物的崇拜。

关注的是马克思"商品拜物教"的理论与他的劳动价值理论有怎样的关联。

马克思对商品拜物教的探讨，从具体的、特殊的、经验的使用价值如何能彼此交换开始。先前，马克思从商品中对象化了的劳动出发回答了这个问题。如今，马克思想要再次回顾这个问题，以审视作为商品的使用价值。马克思称，商品是"一件十分古怪的东西，充满形而上学的微妙和神学的怪诞"（Marx 1976，p. 163）。但"当劳动产品取得了商品的形式时"，它身上的"神秘性"又是从何而来（Marx 1976，p. 164）？马克思认为，这种神秘性不是来自商品中使用价值的部分，因为使用价值只是"普通的、感性的"事物。相反，马克思表明：

> 是从这种形式本身来的。人类劳动的等同性，取得了劳动产品的等同的价值对象性这种物的形式；用劳动的持续时间来计量的人类劳动力的耗费，取得了劳动产品的价值量的形式；最后，劳动的那些社会规定借以实现的生产者的关系，取得了劳动产品的社会关系的形式。（Marx 1976，p. 164）

换言之，商品的"神秘性"来源于这样一个事实，即劳动的社会属性在使用价值与使用价值之间的交换关系中将自身物化了。然而，由于这一自我物化的过程完完全全被商品形式所遮掩，表面上看，价值是交换中事物与事物之间的一种关系，而不是生产中工人与工人之间的关系。"可见，商品形式的奥秘不过在于：商品形式在人们面前把人们本身劳动的社会性质反映成劳动产品本身的物的性质，反映成这些物的天然的社会属性。"（Marx 1976，pp. 164 - 165）这种将社会关系错认为物质实体的行为不仅仅掩盖了劳动在价值生产中所起到的作用，同时它也让物质实体拥有了自我赋予的生命：

> 因此，要找一个比喻，我们就得逃到宗教世界的幻境中去。在那里，人脑的产物表现为赋有生命的、彼此发生关系并同人发生关系的独立存在的东西。在商品世界里，人手的产物也是这样。（Marx 1976，p. 165）①

---

① 因此马克思将启蒙运动对宗教的批判运用在资本主义之上，启蒙运动反对将目的赋予物，他的目的是从这个方面出发揭示资本主义的非理性。

商品拜物教描述了这样一种社会，在其中，一只"无形之手"以自主的方式管控着经济，不需要人类有意识地干预。马克思在回顾自己的宗教批判时提出，资本主义不仅颠倒了人的生产力和系统的生产力之间原本的关系，而且创造出一个颠倒的世界。在这个世界里，人的生产力表现为物自我赋予生命的属性。在"生息资本"中，这种颠倒到达了极点，因为货币看似不经过生产过程就得到更多的货币。在此处，马克思表明："这个自动的拜物教，即自行增殖的价值，会生出货币的货币，就纯粹地表现出来了，并且在这个形式上再也看不到它的起源的任何痕迹了。社会关系最终成为一种物即货币同它自身的关系。"（Marx 1981, p. 516）

在马克思眼中，钱生钱（自我增殖的价值）的概念是荒谬的，它标志着一个抛弃了其物质起源的上下颠倒的世界。但这种荒谬性又意味着什么？大多数马克思主义者乐于将其看作一个征兆，昭示着资本主义隐秘地依赖着创造"真正"财富的物质生产。然而，这假设了一种可能性，即可以对资本主义的社会关系进行抽象，以抵达一个次社会的或前社会的一般性生产领域。为此，马克思转向了其他的"生产方式"，其中劳动在"价值"生产中的作用并未被商品拜物教、交换或者货币所掩盖。换言之，在这些生产方式中，生产的物质要素是显而易见的。但是，这一策略伴随着一种风险，即秘而不宣地为资本主义所特有的范畴赋予一种普遍性，并通过这种方式使其正当化。

这种风险在马克思论述其他生产方式时所举的第一个例子中就有所体现。一方面，马克思认为丹尼尔·笛福的小说《鲁滨孙漂流记》只不过是资产阶级社会生产关系的反映（Marx 1973, p. 83）；另一方面，马克思却提出了与先前观点相矛盾的主张，即可以用这部小说来例证一般性生产的条件。他认为，鲁滨孙（很有可能在星期五到来前就）意识到他多种多样的劳动实际上是相同人类活动的不同形式。（Marx 1973, p. 169）鲁滨孙抽掉了他进行的具体劳动中的异质性，以便在劳动时间这一单一标准的基础上衡量劳动产品的社会价值。因此，马克思认为，鲁滨孙和他劳动产品之间的关系"价值的一切本质上的规定都包含在这里了"（Marx 1973, p. 170）。

中世纪的农奴似乎也是如此。尽管他"被包裹在黑暗之中"，深陷于"人身依附关系", 但他知道"他为主人服役而耗费的, 是他本人的一定量的劳动力"
(Marx 1973, p. 170)。因此, 即便是最无知的农奴也比教育程度最高的工人处
境更加优越, 因为他了解支配生产过程的物质条件:

> 正因为人身依附关系构成该社会的基础, 劳动和产品也就用不着采取
> 与它们的实际存在不同的虚幻形式。它们作为劳役和实物贡献而进入社会
> 机构之中。在这里, 劳动的自然形式, 劳动的特殊性是劳动的直接社会形
> 式, 而不是象在商品生产基础上那样, 劳动的共性是劳动的直接社会形式。
> 徭役劳动同生产商品的劳动一样, 是用时间来计量的……(Marx 1976,
> p. 170)

同样地, 一个农民家庭的农村家长制生产就有足够的能力将多种形式的具
体劳动转化为统一的劳动时间的耗费。"用时间来计量的个人劳动力的耗费, 在
这里本来就表现为劳动本身的社会规定, 因为个人劳动力本来就只是作为家庭
共同劳动力的器官而发挥作用的。"(Marx 1976, p. 171) 只有在社会主义来临
之后, 这层神秘的面纱才终于从人类的面容上被揭下, 显露出被掩盖的劳动的
同质性。(Marx 1976, p. 173)

马克思从这些例子中总结道, 无论参与者是否意识到了这一点, 劳动时间
是用于比较所有生产方式中使用价值的价值量的基础。这是因为, "必然性驱使
着"所有人类服从一般性生产的客观法则, 无论人是生活在封建的过去、虚构
的当今还是未来的社会主义。资本主义和其他生产方式之间的差别, 在于这些
"自然法则"获得了一种神秘化了的且不断增添神秘的性质, 这些法则借此"背
着"(behind the backs) 参与者起作用。因此, 所涉及的经验个体不是有意识地
在社会必要的具体劳动时间的基础上遵守这些法则, 而是有一个"无形之手"
的机制在无意识中、在社会必要的抽象劳动时间的基础上遵守这些法则。正因
如此, 劳动价值理论适用于所有生产方式, 尽管在资本主义中, 商品关系的恋
物性掩盖了它。

于是, 为了掀开资本主义条件下由交换蒙在生产之上的拜物教面纱, 马克

思声称，劳动时间在所有生产方式中都是"价值"的质的决定因素和量的决定因素。然而，就像马克思的捍卫者——尤其是庞巴维克（Böhm-Bawerk）对《资本论》的批判所注意到的，这一断言存在漏洞。正如普殊同和布里克所说，这反过来促成了劳动价值理论从"具身"（embodied）到"抽象"的转变，而后者为资本主义所独有。

何为抽象劳动？

诸如麦克奈利（McNally 1988）等人认为，使李嘉图的"具体劳动"价值理论失去说服力的种种问题，可以通过生产价值的劳动为资本主义所独有这个观点进行规避。麦克奈利称，在封建社会中，物品不是在劳动时间的基础上进行交换，而是在传统习俗和实践的基础上进行交换，而传统习俗和实践则体现为"公正价格"（just price）这个概念。[①] 同样地，封建农民不具有任何"同质的劳动时间"概念以衡量事物的"真实"价值。[②] 这是因为，"劳动"不仅呈现出不同的具体形式，而且是一个传统社会实践网络的一部分，这意味着劳动不是作为一种纯粹的经济活动而仅仅依靠自身而存在的。

为了解开绑在李嘉图"具体劳动时间"或"具身劳动时间"和资本主义特定历史形式的价值之间的"戈尔迪之结"，鲁宾学派的成员切断了二者之间数量上的连接。尽管他们没有放弃用"实现"（realization）这种说法来描述劳动在交换中显现自身的过程，但他们却倒转了因果关系，认为是交换让劳动"社会化"了（de Vroey 1982, p. 40）。于是，希梅尔维特（S. Himmelweit）和莫洪（S. Mohun）提出："只有市场过程才能实现抽象劳动的量化，而这种数量上的表达只有价格一种形式。"（Himmelweit and Mohun 1978, p. 84）鲁宾学派主张，将交换价值和劳动时间联系起来的一系列中介过程过于错综复杂、难以把

①　麦克奈利认为，封建社会中"公正价格"的概念被政治经济学改造为了"天然价格"的概念，为此，人们在交换过程之外寻找着一个独立的"价值"的决定性因素。

②　汤普森（E. P. Thompson）认为，只有到工业革命时期，以时间作为劳动度量单位的行为才普遍出现在生产过程中。

顺，这主要是因为资本主义是根据企业的"有机构成"，而不是根据作为系统生产的实际价值量来分配价值的。鲁宾学派通过这种方式绕开了以劳动时间衡量交换价值的问题。我们无需进入所谓"转换问题"（transformation problem）的内部，只需说：抽象劳动价值理论让马克思主义者避开了李嘉图将劳动时间和交换价值联系起来所遇到的问题。

然而，这种策略也有问题。鲁宾学派越是将价格决定（price determination）看作是系统的整体功能，而不是系统的一个特定部分，他们就越难以将生产中的劳动视为交换价值的基础。黛安·埃尔森（Diane Elson）认为，作为"社会衡量标准"的不是劳动时间，而是货币。在此种情况下，"马克思的价值理论所探讨的对象根本就不是价格"（Elson 1979，p. 123）。埃尔森指出，马克思提出的并不是"劳动价值理论"（labour theory of value），而是"价值劳动理论"（value theory of labour），因为劳动是一项不确定的、变化着的活动，只有在特定的生产方式中才获得确定的社会形式。（Elson 1979，p. 138）为了给这一观点提供支撑，埃尔森引用了马克思的一句话："劳动是活的、塑造形象的火；是物的易逝性，物的暂时性，这种易逝性和暂时性表现为这些物通过活的时间而被赋予形式。"[1] 但是，这其中包含着一种假设，即劳动在资本主义的价值"生产"中仍扮演着特殊的角色。另一方面，埃尔德雷德（M. Eldred）和汉隆（M. Hanlon）认为，一旦劳动时间和价值之间的量的关系被打破，在二者之间维持一种质的关系就变得十分困难："将价值量的确定交给交换关系，似乎就切断了生产活动和交换关系之间的关联。于是，商品价格就会全然成为变化无常、任意无凭的价值量衡量标准，完全脱离了生产条件。"（Eldred and Hanlon 1981，p. 43）为了避免这一点，他们二人提出了一个抽象劳动价格决定理论。但他们不得不得出了这样的结论，即这种价格决定是"经过中介的，在这一中介过程中，在生产过程中耗费的劳动与被承认为创造价值的劳动之间没有任何直接联系"（Eldred and Hanlon 1981，p. 43）。

埃尔德雷德和汉隆之所以发现自己陷入了这样的处境，是因为在资本主义

---

[1]《马克思恩格斯全集》第46卷，人民出版社1979年版，第331页。

制度下"价值是劳动的产品"这一主张，缺乏任何现象学的支持。正好相反，交换过程系统性地否认劳动是价值的源泉。因此，为了避免具体劳动价值理论的问题而转向抽象劳动理论的鲁宾学派面临着这样一个问题，即如何从交换回到劳动。如果在资本主义中，唯一且独立的价值度量是"价格"，那么为何要说劳动是价值的源泉？似乎，这个问题的答案不在于"经济"，而在于"伦理"。因为如此一来，马克思主义者们便可以说是资本主义剥夺了工人自我建构的能力。但是，这又假设了自我建构是劳动的"本体论"属性，而不是一项现代性的"伦理"原则。

最终，马克思的劳动价值理论在具体劳动价值理论（李嘉图）和以交换为基础的价值理论（萨耶）之间摇摆不定。前者构造了将劳动和价值统一起来的因果关系，而后者显示出交换对于生产的重要性。马克思无法逻辑连贯地将二者调和在一起。因此，马克思并没有像鲁宾学派所主张的，抛弃李嘉图将劳动时间当作不以任何条件为转移的价值度量的尝试，而是提出：劳动时间决定价格，这不仅仅适用于资本主义，也适用于所有劳动改造自然的生产方式。正如马克思自己所说，商品关系的恋物性保证了"用劳动的持续时间来计量的人类劳动力的耗费，取得了劳动产品的价值量的形式"（Marx 1976，p. 164）。鲁宾学派忽视了马克思固执的坚持，即生产的内部有一种不以任何条件为转移的劳动。他们悬置了马克思经济分析中的张力，也就去除了解释这种张力的必要性。

这样一来，马克思只能根据自我物化劳动的超历史概念，追踪商品与生产中的劳动之间的价值关系。因此，劳动以康德的"先验主体"的方式发挥作用，所有"经验的"对象从生产中涌现出来，被先验主体借由一种客观的"普遍社会有效性"而统一起来。如果说所有道路都通向劳动，这是因为劳动是普遍的造路者。资本主义制度下抽象劳动是价值源泉的观点，建立在这样一个前提上，即劳动时间是所有生产方式中衡量事物价值的超历史基础。马克思批判了古典政治经济学对超历史范畴的使用，认为这只会将属于资本主义社会这一特定历史时期的属性普遍化。然而，马克思自己也有同样的问题。在下一节中，我将探讨马克思对自我对象化的主体性的超历史论述和他对商品拜物教的历史性论述之间的关系，以支撑这一论点。

物化与迷恋

马克思对商品拜物教的论述，是他对资本主义整体批判的一部分，具体批判的是资本主义将物人化与将人物化的双重倾向。[①] 因此，在某种意义上，商品拜物教指的是这样一个过程，即将起源于劳动的社会关系归结为交换中的物的属性。但是，通过比较马克思对商品拜物教的论述与一般性生产的论述，我们又会发现，在这两种论述中有许多相同的特征。根据马克思对一般性生产的说法，有目的性的劳动在使用价值（物）中将自身对象化/物化，进而将使用价值物化为社会关系的物质载体。正是因为物（商品）体现为资本主义的社会关系，所以马克思将它们称为"形而上的"。马克思论述中的讽刺之处在于，它建立在一个超历史的自我对象化的主体性概念之上，并认为资本主义所具有的许多"拜物"特征，无不是这一概念的具体体现，比如物所具有的"物化"人类目的的能力。更具讽刺意味的是，只有有目的性的劳动在一般性生产中凭借"物"将自身对象化，它才能在资本主义制度下的"物"的交换中获得价值。换言之，正因为劳动拥有将自身对象化在物中的一般能力，劳动关系才能在资本主义社会中以交换物的方式呈现出来。在这种情况下，马克思所说的"物的人化"和"人的物化"中的恋物性，也适用于他对自我对象化的主体性的阐述。

价值是使用价值的一种属性，以及价值是在使用价值中对象化/物化的（抽象）劳动的一种属性，这两种观点都是恋物的，但这二者之间无疑又存在着区别。即便如此，后一种观点出现的前提是，人的目的必须在物中将自身对象化。因此，马克思将属于（他所描述的）资本主义的特征归结到交换中的生产，尽管这只是一种循环论证，因为自我对象化的劳动这个概念就是拜物教的基础。正是在这一意义上，马克思将资本主义社会关系的物性视为一般性生产无可避免的属性。

---

① 在《政治经济学批判大纲》中，"物化"（Versachlichung）和"对象化"（Vergegenständlichung）两个术语被译为"objectification"，而在《资本论》中，前者被译为"reification"。

这背后的原因与马克思对一般性生产的论述中的主客二分有关。为了把劳动从资本主义的社会背景中分离出来,马克思将生产中"人与自然"的主客体关系作为劳动的基础。换言之,在把社会性(价值)的主体(劳动)从其历史语境(资本主义)中分离出来后,马克思将劳动与其一般性生产物联系在了一起。因此,劳动的目的在物——不仅仅是其经过改造的物质形式,还有它们被对象化了的社会属性。只有把劳动和它所创造出来的"失常的"社会世界隔绝开来,马克思才能保留他的价值理论。作为社会性的主体,劳动必须先于它在生产中创造的社会价值而存在于与自然的直接(unmittelbar)关联中。

然而,这并不是对资本主义的根本批判,而仅仅是将它对主观与客观的割裂正当化了。也就是说,马克思并没有挑战把原子化的"主体"伪装为"客观(现实)"的系统能力,而是提出,系统的客观性是"人与自然"之间"代谢"交换无可避免的结果。在这种情况下,黑格尔通过外化(Entaüsserung)这种说法将异化和外化合而论之的做法,与马克思对对象化/物化的正当化相比,实际上是更激进的资本主义批判。这是因为,黑格尔承认我们需要将外在社会"再内化",以便召回掩埋在价值关系下的"伦理生活"。

然而,在某些情况下,马克思认为只有自我构成的异化形式才表现为社会的客观形式。在《德意志意识形态》中,马克思将资本主义描述为"一种统治我们的、不受我们控制的、与我们愿望背道而驰的并抹煞我们的打算的物质力量……"(Marx and Engels 1970a, p. 54),而在《政治经济学批判》中,他表明:

> 如果把这种单纯**物的联系**理解为自然发生的、同个性的自然不可分割的、而且是个性内在的联系,那是荒谬的。这种联系是各个人的产物。它是历史的产物。它属于个人发展的一定阶段。这种联系借以同个人相对立而存在的异己性和独立性只是证明,人们还处于创造自己社会生活条件的过程中,而不是从这种条件出发去开始他们的社会生活。(Marx 1973, p. 162)

因此，马克思并不认为自我客体化的过程有任何自然或正常之处，而是认为它起源于一种历史上特定的社会形式，在这种社会形式中，个人与他们的社会关系被异化了。马克思对古典政治经济学的批判也适用于他对自我物化的劳动的论述，因为他的论述也带有"在额上写着，它们是属于生产过程支配人而人还没有支配生产过程的那种社会形态的……"（Marx 1976，pp. 174‐175）因此，现代社会（关系）的客观性（和相应的经济行动者的主体化）不是一般性生产的必然结果，而是资本主义以自我生产的方式调节自身能力的一种历史性表达。在下一章中，我将继续通过资本主义制度下生产和交换的社会性，阐明我对鲁宾学派观点的反对，以便向读者揭示出，马克思试图将他对资本主义的批判基于一种超历史的劳动概念，而事实上，其根源却深植于资本主义社会关系的历史形式。

第三章　劳动的资本化与交换的社会性

在这一章中，我主要关注马克思的一个观点，即由于劳动在生产中缺乏社会属性，所以它在交换中就表现为物（商品）与物（商品）之间的（社会）关系。在第一部分中，我提出，劳动在生产中实则拥有社会属性，也就是资本的社会属性。这个观点是基于马克思的论述，他认为"劳动被实际吸纳"到了资本之中。因此，劳动不可能是交换价值的来源、实质和主体，我们需要对交换的社会性做出另一种解释。在第二部分中，我提出，马克思无法证实使用价值只是社会关系的载体。相反，马克思退而承认，使用价值在交换中被社会化，与其所物化/对象化的劳动无关。因此，我们无需将自我物化/对象化的劳动作为交换的社会性的基础，因为交换本身就是一个社会过程。在第三部分中，我尝试对交换做出一种新的阐述，既不将交换还原为劳动的主体性（如马克思），也不将其还原为消费者的主体性（如新古典主义经济学），而是将交换看作是一个交互主体（inter-subjective）的过程。这个过程分裂为两个部分，一是系统的"客观性"，一是行动者的"主观性"。在齐美尔对货币的论述中，我们能看到这一辩证的交换论。

劳动的社会性

在《资本论》的开头数章中，马克思提出，由于劳动在生产中采取了私人的、个体的、独立的形式，它只有在交换中才能获得一种公共的、社会的和相互依赖的形式。

> 使用物品成为商品，只是因为它们是彼此独立进行的私人劳动的产品。这种私人劳动的总和形成社会总劳动。由于生产者只有通过交换他们的劳动产品才发生社会接触，因此，他们的私人劳动的特殊的社会性质也只有在这种交换中才表现出来。（Marx 1976，p. 165）

换言之，由于商品的生产者在交换之前不进行社会接触①，他们的劳动"不是表现为人们在自己劳动中的直接的社会关系，而是表现为人们之间的物的关系和物之间的社会关系"②（Marx 1976，p. 166）。伊萨克·鲁宾认同这一观点。他指出，对于马克思而言，"所有具体形式的劳动（经由货币）达到全面的等价，并转变为抽象劳动。这个过程同时（在生产者之间）创造出一种社会联系，将私人劳动转变为社会劳动"（Rubin 1973，p. 130）。

希梅尔维特和莫洪也同意，交换的社会性是私人劳动的公共形式。他们表示："正是市场中的交换过程体现出了个体劳动的社会特征，在彼此独立的商品生产者之间建立起社会关联。"（Himmelweit and Mohun 1978，p. 233）吉奥夫·皮林（Geoff Pilling）也认为，"在商品生产的过程中，劳动并不具有直接的社会性。只有通过市场这个媒介，劳动才能变为社会劳动"（Pilling 1980，p. 46）。尽管埃尔森指出，马克思在这个时候"对每一个生产单元的内部组织进行了抽象"（Elson 1979，p. 146），但她相信马克思的这种说法是出于无意："劳动作为一项活动不具有社会特征，只有凝结在商品中之后才获得社会性。"（Elson 1979，p. 146）然而，马克思为何在论述的这个阶段"对每一个生产单元

---

① 在《政治经济学批判》中，马克思提出："商品直接是彼此孤立的、互不依赖的私人劳动的产品，这种私人劳动必须在私人交换过程中通过转移来证明是一般社会劳动；或者说，在商品生产基础上的劳动只有通过个人劳动的全面转移才成为社会劳动。"（《马克思恩格斯全集》第 13 卷，人民出版社 1979 年版第 75 页。）

② 《资本论》的英译本将其译为"人与人之间物（Dinglich）的关系和物与物（Dingen）之间的社会关系……"，而德语原文中分别是"Sachliche"（客观的）和"Sachen"（事物）。这一区别之所以重要，是因为英语中的"reification"被用于转译德语中的"Versachlichung"（事物化），而不是据我所知马克思从未使用过的"Verdinglichung"（物化）。

的内部组织进行抽象",我们仍不得而知。

作为这个问题的回应,欧内斯特·曼德尔(Ernest Mandel)称,马克思在《资本论》第一卷开头数章中的分析所针对的不是工业资本主义,而是其历史中的前身——小商品生产(petty commodity production)或简单商品生产(simple commodity production),其中的劳动还未取得社会形式。《资本论》的呈现方式反映出了资本主义从封建制,到简单商品生产,再到大型工业生产的历史发展进程(Mandel 1976, pp. 14 - 15)。曼德尔认为,在这一过程中,资本主义带来了"劳动的客观社会化"(Mandel 1976, p. 945)。然而,这意味着劳动在资本主义到来之前并不具有社会特征。这或许令人难以置信,但在马克思对资本的历史性发展的论述中,确有文本性的证据来支持这一观点。但是,一旦劳动在生产中被资本社会化之后,马克思便不能再将劳动称为是私人的、个体的、独立的、只能通过交换而被社会化的活动。相反,随着"劳动被实际吸纳"进资本中,劳动便不再独立存在。劳动无法成为独立的价值源泉,因为劳动只有在它是资本的组成部分时才会"生产"价值。因此,价值是资本的属性,而不是劳动的属性。

从劳动的实质吸纳到劳动的形式吸纳

在马克思有关资本主义历史起源的论述中,他提出,资本首先通过土地、劳动和生产工具的商品化掌握了对交换的支配权。直到那时,资本才渗透进了生产的过程,将劳动过程置于资本的律令之下。马克思认为,这个过程分为三个不同的阶段,首先是劳动力的"协作"阶段。(Marx 1976, chapter 13)

最初,资本将先前"彼此分隔的、独立的工人或者小业主"聚集在一起。紧接着,工人便"摆脱了他的个体性局限,并发挥出他的种属能力"(Marx 1976, p. 442)。[1] 因此,马克思表明,在生产被资本化之前,工人确实不具有社会身份。(Marx 1976, p. 447)但是,一旦他们被吸纳到资本之中,他们的生产力就呈现出社会性,再也无法还原为个体的劳力:

---

[1] 从上下文可以清楚地知道,这里的"individuality"(个体性)意为手工业先前的历史形式,而不是劳动力的买卖。

　　他们（工人）的协作是在劳动过程中才开始的，但是在劳动过程中他们已经不再属于自己了。他们一进入劳动过程，便并入资本。作为协作的人，作为一个工作有机体的肢体，他们本身只不过是资本的一种特殊存在方式。因此，工人作为社会工人所发挥的生产力，是资本的生产力。① (Marx 1976，p. 451)

　　然而，这意味着有越多的劳动被资本社会化，就会有越多的劳动力变为资本的属性。"这并不是他们自主的行动，而是将他们聚集在一起、并让他们始终处于那种状态中的资本的行动……它让工人的活动服从于它的目的。"（Marx 1976，p. 442）

　　在第二阶段（从 16 世纪中期到 18 世纪后半叶）中，资本带来了"劳动分工"（Marx 1976，chapter 14）。劳动过程被分为更小、更单一的任务，分配给个体或一组工人。由此而来的一系列重复性的、机械性的任务是对工人的贬抑。马克思对此有一个生动的表达："畸形的怪物"（Marx 1976，p. 481）。

　　最后，在"机器大工业"的第三阶段（Marx 1976，chapter 15），科学和技术被应用到生产中，引发了一场"工业革命"。工人失去了他们对劳动过程所保有的最后的控制，成为机器的"活的附属物"。至此，工人被完全转变成了资本实现其客观目的的手段。因此，马克思称："不过这种颠倒只是随着机器的采用才取得了在技术上很明显的现实性。"（Marx 1976，p. 548）在这一阶段，劳动的社会力量和资本的社会力量等同起来，劳动不再是一项独立的活动。马克思在《直接生产过程及其结果》中对此作出了评价。他写道："劳动的**社会生产力**或**社会劳动的生产力**，在历史上只有随着特殊资本主义生产方式才发展起来，从而表现为资本主义关系的内在的东西，表现为跟资本关系不能分开的东西。"（Marx 1976，p. 1052）也就是说，它们是资本主义关系内在本质的产物，无法与其割裂开来。

　　然而，如果这一观点成立，我们就无法将"劳动"看作是价值的源泉，因

---

① 在这一节中，先前提到的工人的"孤立"性既可以指向劳动力市场中"个人的、孤立的劳动力"，也可以指向工人作为"毫无联系的人"被雇佣的事实。

为劳动只作为资本的一项功能而存在。因此，马克思在《政治经济学批判》中做出如下断言：

> 关于资本是否是生产的这个问题，是很荒谬的。在资本构成生产的基础，从而资本家是生产的指挥者的地方，劳动本身**只有**在被资本吸收时才是**生产的**。……与资本相对立、**自为**存在于工人身上的劳动，也就是在自己的**直接存在中的**、与资本相分离的劳动，是**非生产的**。（Marx 1973，p. 308）

但如果这一点成立，马克思的劳动价值论和以此为基础的批判策略就失去了效力。换言之，如果劳动仅仅只是资本的组成部分，那么劳动创造价值的能力就会消融在资本"扩张"自身的能力之中。沿着马克思对古典政治经济学的历史性批判，我们所得到的逻辑性结论是：劳动成了资本的产物，而非资本是劳动的产物。然而，马克思是无法接受这一结论的，除非抛弃他对资本主义批判的全部内容。因此，马克思才会试图在（一般性）生产中，也即不受资本的历史性影响的条件下，为创造价值的劳动留出空间。

价值的源泉

在《资本论》中，马克思也在同样的节点写道，随着劳动被吸纳到资本之中，表面上看：

> 与在不同程度上孤立的个人劳动等相对立的**社会化劳动**生产力的这种发展，……在**直接生产过程**中的运用，——所有这一切都表现为**资本的生产力**，而不表现为劳动的生产力，……既不表现为单个工人的生产力，也不表现为在生产过程中结合起来的工人的生产力。（Marx 1973，p. 1024）

但是，正如"在场"这个词所指示的，马克思无意放弃他的价值理论，而屈服于劳动的资本化。相反，马克思在承认资本主义社会中劳动的社会形式是资本的同时，也否认资本是劳动的内容。因此，马克思在《政治经济学批判》中提出资本是"物化"劳动，而劳动在物化自身的过程中仍独立于资本之外

（非资本）。马克思将这种非物化形式的劳动称为主体性："唯一不同于**物化**劳动的是**非物化**劳动，是还在物化过程中的、作为主体的劳动。"（Marx 1973，p. 272）尽管资本是劳动的客观形式，纯粹主观的劳动仍然是资本具有起源性质的他者。因此，马克思认为：

> **物化劳动，即在空间上存在的劳动**，也可以作为**过去的劳动**而同**在时间上存在的劳动**相对立。如果劳动必须作为在时间上存在的劳动，作为活劳动而存在，它就只能作为**活的主体**而存在，在这个主体上，劳动是作为能力，作为可能性而存在；从而它就只能作为**工人**而存在。因此，能够成为资本的对立面的唯一的**使用价值**，就是**劳动**（**而且是创造价值的劳动，即生产劳动**）。（Marx 1973，p. 272）

马克思在《资本论》中对劳动资本化的回应与此相似，因为他同样将"非资本"的劳动等同于工人活生生的、行动中的主体性。但是，在《资本论》中，马克思借助于"一般性生产"的概念，而这一概念在《政治经济学批判》中还仅仅只是一个抽象概念。因此，马克思在这里只是代替了在"真正的劳动过程"中"个体劳动者"的非中介的物质性，而不是劳动的纯粹主体性。

乍一看，工人对资本的体验似乎只是外在的。如果真是这样的话，那么当马克思提出，"协作中劳动的**社会统一**，分工中的结合，自然力和科学的运用，表现为**机器**的劳动产品的运用，——所有这一切，都作为**异己的、物的**、没有工人参与而且往往排斥这种参与的**预先存在的**东西"（Marx 1973，p. 1054），这些仅仅是在唤起工人及其资本主义环境之间的现象差异。事实上，在"个体劳动者"与他们所面对的敌对环境之间的区别并不纯粹是经验的。相反，"个体劳动者"有能力在资本面前保持他们的独立性，因为他们身处"真正的劳动过程"之中。因此，马克思表明："劳动的社会自然力并不是在**价值增殖过程**本身中发展的，而是在**现实的劳动过程**中发展的。……生产劳动，作为生产价值的东西，始终是作为**单个**工人的劳动同资本相对立，不管这些工人在生产过程中的社会结合如何。"（Marx 1973，p. 1056）在这一意义上，生产价值的劳动并不是资本的功能，而是个体劳动者本身作为一股自然力与自然相进行物质交换的场域。作为一片原始的主客体场域，真正的劳动过程不受代替资本组织和管理生产的社会力量的影响。因此，劳动也就不会被资本所造成的扭曲的社会关系所污染。

然而，尽管为了在资本主义的劳动社会化面前维护劳动价值论的效力，马克思退回到了一个超历史的个体性概念之中。但马克思又曾说，只有在"市民社会"中，"单个的人表现为摆脱了自然联系等等，而在过去的历史时代，自然联系等等使他成为一定的狭隘人群的附属物"（Marx 1973，p. 83）。这两点无疑是互相矛盾的，因为只有在一种"断开了"的个体性的基础上，马克思才得以维护其劳动价值论的效力。马克思在其他地方承认道，个体性是资本主义社会关系的历史产物。（Marx 1973，p. 84）

最终，马克思提供给我们两个选择：一是社会化的劳动概念，它难以与资本（自我增殖的价值）区分开来；二是祛社会化的劳动概念，它在资本面前保留了独立性，但付出了将生产过程正当化的代价。但遗憾的是，马克思没有为我们提供这样一种可能性，即与资本相对的劳动（非资本），是工人为了摆脱资本主义社会而斗争的历史结果。然而，一旦我们做出让步，认为劳动在交换之前，在为资本进行的生产中被社会化的，那么资本便是商品的生产者，而不是劳动；交换所"社会化"的对象，是独立公司的私人资本，而不是独立生产者的私人劳动。而市场所聚集的对象也不是独立的劳动，而是竞争环境下的独立的公司。每一家公司都力图生产出人们愿意付出代价购买的商品，生产出符合它们有利可图的生产目的的商品。因此，我们需要对交换的社会性做出一种新的阐述，阐明社会性不是来自生产中的劳动，而是来自交换过程本身。

使用价值的社会性

马克思认为，使用价值和交换价值之间的区别对应着物质存在和社会存在之间的区别。因此，使用价值是商品的物质内容，而交换价值是商品的社会形式。① 尽管使用价值历史悠远、意义重大，特别是与生产资料密切相关，但马克思并不认为，使用价值本身就是社会实体。② (Marx 1976，p. 126) 相反，使用价值是某种社会关系的"物质载体"，而这种社会关系则来源于生产中有目的性的劳动对事物的作用。然而，使用价值仅仅只是社会关系的物质形式这一观点，又是马克思政治经济学批判的对象。正因如此，让·鲍德里亚批评马克思将使用价值看作是一种"客观的、决定性的、内在目的的关系，它不会伪装自己，并且它作为形式的透明性与历史相违背（即使它的内容随着社会和文化的决定性因素不断改变）"（Baudrillard，1975，p. 64）。换言之，正如马克思批评古典政治经济学将资本主义社会关系的历史形式等同于一般性生产的物质内容，鲍德里亚也同样批评马克思保留了一个"自然主义的"使用价值概念，并将其作为资本的边界和不可侵蚀的他者。③ 为了反对马克思，鲍德里亚提出，使用价值的概念是现代的产物，它为事物赋予资本主义的形式。"使用价值是一整套形而上学的表达，是有用性的表达。它让自身成为物的中心的某种道德法则，它被铭刻在那里，显示着主体'需要'的决定性。"（Baudrillard，p. 67）

鲍德里亚知道，一旦他消解了使用价值的独立存在，他就消解了马克思资本主义批判的物质基础。然而，他认为"在政治经济学的终点，在'需要的解放'（liberation of needs）和'物的管理'（administration of things）之下将使用价值的'复归'（restitution）当作一个革命性的视角"是错误的。（Baudrillard，pp. 72 - 73）相反，鲍德里亚认为，我们应当抛弃这样的观点，拒绝相信"掩藏在交换价值之下存在着一个未被异化的领域，就像被罪孽和苦痛打碎的尘世天堂一般有着天然的和谐……作为不会被毁坏的本质，即将在历史的最后阶段、在充满希望的未来救赎中再次现世"（Baudrillard，p. 74）。正好相反，我们

---

① 马克思注意到，在亚里士多德的《国体论》(*De Republica*，I，i，c.) 中这一区分已经存在。

② 在《政治经济学批判》中，马克思表明："成为使用价值，对商品来说，看来是必要的前提，而成为商品，对使用价值来说，看来却是无关紧要的规定。同经济上的形式规定像这样无关的使用价值，就是说，作为使用价值的使用价值，不属于政治经济学的研究范围。只有当使用价值本身是形式规定的时候，它才属于后者的研究范围。"（《马克思恩格斯全集》第 13 卷，人民出版社 1979 年版，第 16 页。）

③ 德里达在《马克思的幽灵》中表达了相同的观点，却没有谈及鲍德里亚在这一领域所做的工作。

应当"将一切都转移到符号的领域，在那里，挑战、颠倒和溢价才是法则……"（Baudrillard, p. 74）。鲍德里亚先是把使用价值完全置于资本的淫威之下，接着又试图找出让批判理论在符号领域也具有效力的超越性条件。

显然，马克思的捍卫者认为，鲍德里亚抛弃经济交换而转向符号交换的行为削弱了他对马克思的批判。因此，即便彼得·凯尔纳（Peter Kellner）退而承认鲍德里亚的批判或许可以应用在"某种特定的结构主义马克思主义人类学中……"（Kellner 1989, p. 48），但他仍然认为，鲍德里亚的批判没有触及马克思主义"辩证的、历史主义的方面"。① 但是，如果鲍德里亚的批评未能产生影响，这并不是因为马克思之于超历史范畴的使用对他的政治经济学批判没有影响，而是因为鲍德里亚未能充分证明，马克思对超历史范畴的使用为他的资本主义分析带来了怎样的问题。

从物质的使用价值到社会的使用价值

如我们所知，马克思认为，使用价值是商品的物质内容，"支撑"着商品的社会形式。因此，使用价值和在交换中实现的交换价值不同，它无需社会的中介，而在人与物之间的物质消费行为中被实现。"某物的使用价值无需交换即可实现，也就是在人与物的直接关系中实现……"（Marx 1976, p. 177）然而，随着马克思的论述铺陈开来，他却忽略了支撑商品"二重性"的抽象概念。

首先，这一点表现为马克思承认交换是人与人之间的社会交往，而不是物与物之间的社会交往。"商品不能自己到市场去，不能自己进行交换。因此，我们必须找寻它的监护者，商品所有者"（Marx 1976, p. 126）。但是，马克思表示，这些使用价值的"监护者"或者"保管人"（Hütern）不会为使用价值赋予社会性特征。相反，"人们扮演的经济角色不过是经济关系的人格化，人们是作为这种关系的承担者而彼此对立着的"②（Marx 1976, p. 179）。在这一意义上，彼此进行交换的个体只不过是"经济关系"的"载体"，而这些经济关系的（客

---

① 一方面，凯尔纳称马克思预见了鲍德里亚的批判，提出了历史性的人类需求观；但另一方面，他认为鲍德里亚将人类需求历史化的尝试让他"无法站在批判资本主义社会的立场上发声……"。

② 马克思的译者注道："一个物（或人）作为某个与之相异的物或趋势的容器、贮藏、载体（Träger）的观点在《资本论》中反复出现……"然而，译者并未对此做出任何解释。

观）社会性产生于他处（即生产中的劳动）。然而，使用价值确实具有社会性特征，因为工人"不仅要生产使用价值，而且要为别人生产使用价值，即生产社会的使用价值"（Marx 1976, p. 131）[1]。因此，使用价值具有社会性，因为它们不是为了个人消费而被生产出来，而是为了交换。[2] 所以，如果没有人愿意购买某种"使用价值"，那么它就缺乏社会有用性。另外，马克思提出，使用价值的有用性不是物本身的内在本质，而是取决于它是否被他人所欲求。在这一前提下，商品的使用价值在交换中实现。马克思部分认同这一事实。他认为，"耗费在商品上的人类劳动，只有耗费在对别人有用的形式上，才能算数"（Marx 1976, p. 179）。换言之，只有某一件物是有用的，我们才可以说它包含了社会性的有用劳动，只有"这种劳动对他人是否有用，它的产品是否能够满足别人的需要，只有在商品交换中才能得到证明"（Marx 1976, pp. 179 - 180）。

因此，马克思试图压制使用价值的社会性本质，以便将商品的社会维度归结到生产中的劳动。他承认，交换本身是一个社会过程，商品和服务在交换中获得某种社会有用性。我们不必在劳动中寻求为何异质的物能够彼此交换，而是应该在消费者以商品和服务交换货币的意愿中寻求解释。也就是说，让商品和服务彼此发生关联的不是劳动，而是它们都能兑换为货币的事实。因此我们可以说，货币"附着"（adhere）在商品和服务之上，因为参与者有意愿购买它们。这一点将罗伯特·诺齐克（Robert Nozick）引向了这样的结论，即所谓的社会必要劳动取决于交换中占优势的需求情况。"社会必要是什么，是多少，取决于市场的情况。再也没有什么劳动价值理论。社会必要劳动时间这个核心概念本身是被一个充满竞争的市场过程和交换率所定义的。"（Nozick 1974, p. 260）因此，我们不仅无法将生产中的劳动从资本中分离出来，也无法将处于交换中的使用价值从交换价值中分离出来。这就是为什么我们需要一个不建立在自我客体化的主体性之上的交换论的原因。

---

[1] 对此，恩格斯补充道，商品不仅必须对他人具有使用价值，而且它"必须通过交换的手段被转交给利用其使用价值的另一个人"。我会在此基础上补充"通过货币交换的手段"。

[2] 在这里，我和马克思一样假定了一种纯粹的资本主义市场经济，其中所有商品和服务的生产都是为了交换，也不存在以另一种方式实现"社会交换价值"的国家干预。

格奥尔格·齐美尔与交换的社会性

　　一旦我们承认，交换的社会性并非来源于生产中的劳动，我们便需要对"价值"做出新的阐释，以凸显出需求在为物赋予社会价值的过程中起到了何等（实际的）作用。尽管马克思主义者对此做出了让步，承认需求在决定价值的社会形式中起到了一定的作用，但是他们为了避免削弱马克思劳动价值论的说服力，不愿再深入探索这一命题。① 结果，这个任务便落到了新古典主义经济学的肩上。新古典主义经济学提出，价值所表达的不是个体劳动者在生产中对象化/物化了的目的，而是个体消费者在交换中表现出的"主观偏好"。

　　新古典主义经济学认为，商品和服务在交换中具有价值，因为它们会经历一个让个体表达自身主观偏好的估值过程。所以，新古典主义经济学没有将"赋予形式之火"的劳动作为主体性的来源，而是将（自主的）消费者的自由选择当作主体性的来源。② 和马克思的论述相比，这种观点有其优势所在，因为它根植于一种历史性的个人主义。③ 尽管新古典主义经济学倾向于将这种个人主义当作其非历史的（论述）起点，而不是漫长的历史进程中的一个结果，消费者在市场中的个体化与工人在生产中的个体化相比，拥有更坚实的社会基础。

　　然而，如果说马克思主义者低估了主观估值在价值形成中的作用，那么新古典主义经济学却低估了货币在需求形成中的重要性。因此，格奥尔格·齐美尔将新古典主义经济学的主观主义和马克思交换价值论的客观主义结合起来的尝试才显得如此重要。作为对新古典主义经济学的反驳，齐美尔称："虽然个体

① 罗斯多尔斯基（Rosdolsky）认为，如果马克思抛弃《资本论》第一卷中的"简化假设"，他其实承认需求对价值的决定作用。
② 在这一经简化的新古典主义经济学中，我略去了"企业家"在结合生产要素时所发挥的关键作用。
③ 虽然马克思深知，市场资本主义创造出了一种现代的抽象个人主义，但是他却未能在构想"主体性"概念时考虑到这一点。因此，在《政治经济学批判大纲》中，马克思表明："重点并不在于每一个个体对私人利益的追求提升了总体的私人利益——普遍利益……重点其实是私人利益本身便是由社会所决定的利益，只能依靠社会所规定的条件和提供的手段才能实现……"

进行购买的原因是他认为一件物品有价值，并且想要消费这件物品，但他的需求只能在交换中借由一件物品才能实际地表达出来。因此，将这件物品塑造为'价值'……的主观过程转变为一种物与物之间客观的超人际关系。"（Simmel 1978，p. 79）也就是说，由于某物必须在主观层面被欲求并且成为实际的需求，消费者必须要拥有"客观"手段，以便将他们的偏好转换为一种社会的有效需求。如果没有这种社会有效需求，购买者就不再拥有在社会层面被认可的需要，就像未被购买的商品也不具有在社会层面被认可的有用性。所以，在（纯粹）市场经济中，只有被货币变得"实际"（effective）的需要，才在社会层面被看作是有效的。

齐美尔试图用一种交往性社会价值论，取代马克思价值论中的抽象客观主义和传统经济学中的抽象主观主义。齐美尔认为，对价值的正确认识需要对交换的正确认识，而对交换的正确认识则需要对社会关系的正确认识。为此，齐美尔提出，"社会是一个超越个体的结构，但它不是一个抽象的结构。历史性的生活既不发生在个体身上，也不发生在抽象的普遍性之中。社会既是普遍的，但同时也是具体的、活生生的"（Simmel 1978，p. 101）。在这一基础上，齐美尔批判了马克思主义和新古典主义经济学，因为二者都是以个体行动者的主观性为起点，以自我调节的经济系统的客观性为结论。在齐美尔眼中，货币既非客观实体，也非主观实体，而是二者的辩证统一。"在交换中，价值所表现出的形式超越了严格意义上的主观性与客观性。在交换中，价值是超主观的……"（Simmel 1978，p. 78）

齐美尔利用这一交往性的货币论，反驳了马克思认为价值在交换之前就凝结在物品之中的观点。齐美尔认为，马克思假设价值寓于"物之中，作为独立存在的物的某种属性；物凭借这一属性进入交换之中，不以买家和卖家之间的关系为转移"，就像中世纪时期的"正当价格"一般。（Simmel 1978，p. 126）相反，齐美尔提出，价值以主体对物的实际需求为基础，在交换过程中得以产生。因此，"价值"和"价格"之间并无分别，因为物是以价格为基础在交换中被赋予了价值。但是，这并不像某些人（如下述的德意志曼）所说，意味着齐美尔对价值的看法和新古典主义经济学相同。齐美尔强调，交换是一种独特的（sui generis）社会关系，它为价值赋予了一种超主观性。

> 主体的欲望和情感是背后的推动力，但是单凭主体自身无法形成价值
> 形式，因为价值形式是物与物相互衡量的结果。经济通过交换的方式将估
> 价（valuations）传递出去，在激发所有人类活动的欲望和人类活动的终
> 点——需要的满足之间创造一个中间领域。经济，作为一种特殊的行为和
> 交流方式，它的具体特征不仅仅在于改变价值，还在于交换价值。（Simmel
> 1978，p. 81）

所以，一方面，齐美尔不认为物在交换前就已经以有目的性的劳动为基础
获得了价值；另一方面，他也不认为交换可以被简化为以主观偏好为基础的物
的估价。相反，齐美尔表示，以货币为中介的交换是一种社会交往（Wechsel-
wirkung），它以辩证的方式将价值的客观因素和主观因素统一起来。① 与马克
思不同，齐美尔认为交换具有"主观"维度，它根植于消费者的偏好之中；与
新古典主义经济学不同，他认为交换具有"客观"维度，其客观性来源于货币
超主体的有效性（supra-individual validity）。齐美尔在拒绝新古典主义经济学
"个人主义方法论"的同时，也拒绝马克思的"集体主义方法论"。他提出，社
会关系的"物化"辩证地取决于个体的"主观性/主体性"。"如果个性的概念和
客观性的概念彼此对立且互相关联，二者的发展必然是同步的。这一关联清楚
地显示出，客观性的概念与个体自由的概念之间是一种更为严谨进化的同步过
程"（Simmel 1978, p. 302）。

于是，齐美尔认为，现代社会关系的物性/客观性是自主主体诞生的特定历
史结果，反之亦然。个体的自主性是经济的他律性不可或缺的条件，同样地，
个体的个人化是经济的去个人化（depersonalization）不可或缺的条件。"对个
人因素的消除将个体引向了他自身所掌握的资源，让个体更积极地意识到自身
的自由，这种自由在（人与人的依赖）关系不存在时是不可能的。货币是这种

---

① 齐美尔利用德语中"互动"和"交换"之间巧合般的重叠来凸显他与马克思主义之间的不同之
处，也利用"互动"和"有效交换"之间的重叠以强调他与新古典主义经济学之间的差别。

情况下的理想载体，因为货币让人们有可能与彼此建立关系，但同时不造成任何对个人的妨碍……"（Simmel 1978，p. 303）简言之，客观性和主观性都是货币系统的历史产物，二者辩证地联系在一起。然而，齐美尔不同意亚当·斯密的观点。他不认为自我调节的市场和利己主义的个体可以达成双赢，而是提出：市场与个体的关系是现代"物化"（reification/Versachlichung）现象的缩影。

物化

如我们所见，对于马克思而言，社会中的物化是（劳动）主体在生产中对客体进行改造的自然结果。因此，马克思认为，在对社会关系进行"去物化"（de-objectify）的同时，一定会实现人的"再主体化"（re-subjectify）。① 但是，在齐美尔眼中，货币不仅使主观价值"客观化"，而且会使客观价值"主观化"。所以，只有当社会关系将参与者变为原子化的主体时，它才具有一种物/客观的性质。在经济系统被"物化"（reified）的程度和经济行动者在其社会交往中被异化的程度之间，存在着一定的相关性。② 在这一关系中，就其客观方面而言，货币确保了"个体与个体之间的直接交往作为一个的独立结构，以货币的形式确立下来"（Simmel 1978，p. 175）；就其主观方面而言，"货币……无论它在哪种程度上将主观冲动的行为模式转变为超人际的、客观的行为模式，货币都仍是经济上的个人主义和利己主义的温床"（Simmel 1978，p. 437）。因此，货币不仅将客观的经济系统和其中主体化的行动者割裂开来，同时也会让二者再次统一，因为二者彼此是另一方持续存在的条件。货币在经济系统的微观层面和宏观层面之间扮演了媒介的角色。

在这一意义上，齐美尔对黑格尔的看法与马克思不同。马克思一方面借用了黑格尔的"精神"概念，也就是自我客体化的主体，另一方面却否认精神具

---

① 米歇尔·亨利（Michel Henry）认为，马克思在《政治经济学批判大纲》中的确提出了"再主体化"（re-subjectification）的概念，因为"物化劳动……只有凭借活生生的主体性的行动并且当这一行动始终得到现实化之时，才能逃脱死亡的魔爪"。然而，这并不能改变马克思认为社会关系的客观性是全然正常的这一事实。

② 当谈到"文化的客观化"时，齐美尔提出，现代性不仅使封建形式的义务成为客观的货币系统的一部分，因而将其"去人格化"；现代性还创造出新的、不再绑缚着强制性的道德义务的主观自主性形式，并借此将个体"人格化"。

有将社会关系"再内化"的能力。而齐美尔则认为精神是一种分裂的主体间性，构成了社会客体化和主体化的辩证基础。换言之，对于齐美尔而言，精神是一种分裂的主体间性，其超社会（supra-social）的形式建立在"市民社会"中个体的原子化之上。如奈杰·达德（Nigel Dodd）所说："（齐美尔的）对异化的分析和马克思对异化的分析不同，因为齐美尔所关注的重点在于交往，在于主体与主体之间的关系；而马克思的方法建立在哲学人类学的基础上，主要关注人与自然之间的交互和主客体之间的交互。"①（Dodd 1994，p. 47）此外，我也认同彼得·贝尔哈兹（Peter Beilharz）的观点："在齐美尔眼中，现代性的底色是复杂性、差异性，还有相互依赖和主体间性。"（Beilharz 1996，p. 27）然而，这并不是一种为学界所普遍接受的对齐美尔著作的解读。克里斯托弗·德意志曼（Christoph Deutschmann）在贝尔哈兹发表过的同一份刊物中提出，"齐美尔的分析从意识哲学的基础观点开始。从哲学角度而言，他的分析在新康德主义的主客体框架中展开；从经济学的角度而言，他的分析主要与主观有用性的学说有关"（Deutschmann 1996，p. 7）。德意志曼认为，齐美尔的方法和马克思的方法不同，他不是从"个体"出发，而是从"社会主体"出发，并因此而"闻名"。

尽管我不认同德意志曼对齐美尔的分析（以及他对马克思的看法），但齐美尔的论述中的确存在一些前后矛盾的表达（马克思也是如此），因而导致了相反的解读。德意志曼能从文本中找出一些证据证明，对齐美尔而言，货币不是一种分裂的（dirempted）交往方式，而是一种工具（instrumentality）。齐美尔曾说："货币或许最清晰地表达和展现出，人是'制造工具'的动物。然而，货币本身也和人是'有目的'的动物这一事实紧密相关。"（Simmel 1978，p. 211）齐美尔也提出："货币是最纯粹的手段的物化，是一个具体的工具，和它的抽象概念绝对同一；它是一种纯粹的工具……"（Simmel 1978，p. 211）这段表述让人

① 正如我们所见，对马克思而言，货币物化社会关系的观点绝非陌生，尽管这一倾向的大部分佐证事例都出现在《政治经济学批判大纲》中。例如，马克思提出："货币存在的前提是社会联结的物化（Versachlichung）。"（如前所述，在《资本论》中"Versachlichung"被译为了"reification"。）

联想到韦伯和晚近的法兰克福学派。在这段表述中，"物化"（reification）是为实现工具性目的而使用技术手段的结果。"如果我们考虑到生活的整体性，那么通过技术控制自然是可能的，但是要付出被技术奴役的代价……"（Simmel 1978, p. 482）货币的"物化"特质看似不是我们分裂的主体间性的后果，而是现代性"对生活的物化"（Versachlichung des lebens）既无可避免又可悲的后果。我们有可能会仅仅因为那些"本无意出售的物品"，而拒绝承认社会关系的全面物化。① （Simmel 1978, p. 403）也即是通过列出那些在货币的工具性范围内不能或者不应该被购买的物品。

然而，任何试图确定经济领域边界的尝试——关于哪些事物是不适宜被商品化的这个问题，都假设了这样一个前提，即存在一个"主体间的"领域，而它能够取代货币。只可惜，齐美尔和马克思一样，对让这样一种批判性的货币理论得以成立的社会条件，他们都谈论甚少。② 因此，即使齐美尔对物化做出了主体间的阐述，但齐美尔并没有任何有关去物化（de-reification）的主体间的论述。相反，齐美尔倾向于退回到一种本质主义的"人"的概念中去，并将其作为货币的对立面：

> 因此，手段的主宰所占据的不仅仅是具体的目的，而是所有目的的中心，是一切目的的交汇之处和终极目的发源之处。人因此和自身相疏离。在人与其最独特、最本质的存在之间，树立起了一道由媒介、技术发明、能力和享受所构成的无法逾越的障碍。③ （Simmel 1978, p. 484）

这样一来，尽管齐美尔对马克思还原主义的交换社会性理论进行了重要的修正，但是他认为，历史将终结于"文化的物化"（objectification of culture），

---

① 迈克尔·沃尔泽（Michael Walzer）、尤尔根·哈贝马斯和安德烈·高兹（André Gorz）也曾做出类似的尝试，以限制货币的合法范围。
② 齐美尔决定将"企业和工厂"列为不可转让的财产，这一事实与他为市场划定边界的方法关联较小，而是表现出了当时社会主义观念在德国的影响力。
③ 这一对人性的定义与他先前将"人"看作"工具制造者"的构想相矛盾，这一事实凸显出齐美尔货币论之中存在着种种张力。

这种观点让我们在面对货币的霸权时，失去了主体间性的另类视角。由于齐美尔将货币等同于工具的使用，将工具的使用等同于物化，人因此注定生产出一种物的文化，一种无法被内化（assimilate）以满足人的社会目的的文化。于是，在齐美尔的描述中，社会主义不是对"完全冷酷无情的货币"返祖式的反抗（Simmel 1978，p. 346），就是"理性主义的货币经济发展到最后阶段的产物"（ibid. ）。无论是哪一种情况，社会主义都没能发挥扩大主体间性的范围，并弥合客观系统和主观行动者之间的断裂的作用。齐美尔缺少有关抵抗的论述，即建立在参与者的斗争之上的对现代性的物化倾向的抵抗，参与者的目的是以牺牲其同伴为代价，来扩大主体间性的领域。

在本书的第二篇中，我将会谈到抵抗的问题。在那之前，我想要对马克思的剥削理论进行探讨，并以此总结第一篇的内容。尽管齐美尔的交换论有其优越性，但他未能研究观察货币与劳动的交接之处。所以，在抛弃了马克思的劳动价值论、选择了以交换为基础的价格理论后，齐美尔对从主体间性的角度重新阐释货币和劳动的关系表现出了兴趣。我们缺少一种主体间的价值理论，以体现出为了将系统"再道德化"（re-moraliza）而进行的工人运动斗争的重要性。因此，马克思以主体为中心的价值理论如今仍有其拥趸，这也就不足为奇了。

第四章 马克思、道德与剥削

马克思对政治经济学的历史性批判与他对资本主义的超历史批判之间的张力，在他的剥削理论中展现得淋漓尽致。这种张力表现为以交换为基础的产权论和以生产为基础的产权论之间的矛盾。从（历史性的）交换的角度看，工人获得与他们所出卖给资本的商品价值等同的一份价值；从（超历史的）生产的角度而观，工人所获得的报酬却不及他们为资本生产出的价值。因此，尽管从交换的角度而言，资本主义是公平的，但是从生产的角度而言它却是不公平的。

马克思剥削理论的核心是他的劳动价值论。如前所述，马克思想要保留李嘉图的价值理论，并依照以交换为目的的生产对其进行重建。为此，他需要在超历史的劳动论和历史性的劳动论之间的荆棘之路上谨慎前行，因为前者是他政治经济学批判的对象，而后者则存在使劳动消融在资本之中的风险。为了解决这一难题，马克思反复论述了劳动与价值之间的关系，从李嘉图超历史的唯物主义到萨耶所说的交换价值的历史性霸权都有所探讨。

自然产权与社会产权

马克思之所以决定把劳动价值理论作为其资本主义批判的基础，毫无疑问是因为他受到了李嘉图派社会主义者的影响，例如霍吉斯金（Hodgskin）、布雷（Bray）和雷文斯通（Ravenstone）等人。而这些人之所以受到李嘉图价值理论的吸引，是因为李嘉图的价值理论和斯密的价值理论不同。李嘉图认为价值是在分配给地主、劳动和资本之前，由劳动时间所决定的。李嘉图派社会主义者发现，把李嘉图有关量的价格决定理论转换为有关质的产权理论并非难事。于是，霍吉斯金提出，劳动不仅决定了商品在交换中的价格，它也是物质财富的源泉。财富在私有财产的基础上被分配给"生产要素"的所有者的事实表明，工人的合法财产被"剥夺"了。（Rubin 1979）

作为批判策略，李嘉图派社会主义者提出了这样的预设，即劳动在生产过程中所扮演的角色让工人拥有了对社会"财富"（使用价值）的"天然产权"。① 霍吉斯金表明，当前的财富分配"明目张胆地违反了只将财富赋予劳动的自然法则……"（Rubin 1979，p. 347）然而，马克思却坚持认为，"劳动不是一切财富的源泉"（Marx 1968，p. 315）。相反，"自然界和劳动一样也是使用价值……的源泉，劳动本身不过是一种自然力的表现，即人的劳动力的表现。"（Marx 1968，p. 315）因此，马克思提出，劳动只是自然力中的一种，在使用价值的生产中提供协助。马克思在超历史的"具体劳动"和历史性的"抽象劳动"之间做出了区分，前者仅仅是和自然与生产资料一道，参与了特定的使用价值的生产，而后者在资本主义的交换价值中普遍存在。

然而，这并不意味着抽象劳动在劳动和价值之间建立了一种纯粹的历史性关联。相反，抽象劳动是价值的来源、实质和主体这种观点建立在一个超历史的前提下，即有目的性的劳动在所有生产方式中都会在使用价值中将自身物化。因此，尽管马克思批评李嘉图派社会主义者延续了自然产权理论，但马克思自身的劳动价值论却有着自然主义的理论基础。

这一点在马克思的一个观点中有所体现。马克思认为，"剩余产品"只有劳动力在一天中生产出比他维持自身所需要的产品更多时才是可能的。因此，马克思说："如果维持工人一个工作日的生存，需要一个工作日，那么，资本就不会存在……"（Marx 1973，p. 324）

---

① 这与洛克的观点有些许不同，洛克认为，工人对所有他们"在其中加入了自己的劳动"的事物都享有权利。

相反，如果维持工人整个工作日的生存，只需要例如半个工作日，那么，产品中的剩余价值就自然产生出来了，因为资本家在（劳动）价格中只支付了半个工作日，而在产品中得到的却是整个物化的工作日；也就是说，他在交换中对后半个工作日什么也没有支付。使他成为资本家的，不是交换，而只能是这样一个过程：他在这个过程中没有交换就得到了物化的劳动时间，即价值。（Marx 1973，p. 324）。

换言之，劳动能在一天中生产出比它所需要用来维持自身一天的生存更多的产品，这让"剩余"成为了可能。但是，这意味着生产剩余的能力是劳动的属性，而不是让劳动进入工作的生产方式的属性。① 马克思对"必要劳动时间"和"剩余劳动时间"做出了区分，前者指的是工人为完成自身的再生产而耗费在生产必要的使用价值上的时间，后者指的是工人在没有报酬的前提下耗费在创造"剩余产品"上的时间。（Marx 1976，pp. 324 - 325）这其中的预设是，工人（协助）生产的使用价值属于（协助）生产它们的工人。但是，正如加文·基钦（Gavin Kitching）所指出的，这一点与马克思的另一处观点相矛盾，即劳动并不是使用价值的唯一来源，因为自然和生产资料具有生产出比自身最初所承载的更多的使用价值的能力。（Kitching 1988，pp. 100 - 101）

这个观点可以用渔夫的例子来说明。渔夫一天用自己的双手捉两条鱼，而他每天只需要一条鱼就能活下去。他的半天时间是"必要劳动时间"（捉一条鱼），另外半天时间是"剩余劳动时间"（捉一条鱼）。如果我们假设他需要一整天去织渔网，而渔网能让他一天捕捞 10 条鱼，那么牺牲一天的捕鱼时间却让他一天的剩余增加到了 9 条鱼。在物质层面，渔网（成本＝2 条鱼）让渔夫的剩余产品增加了。鱼属于渔夫，而不属于渔网这一事实则与此无关。如果渔网是另一个人的主意，而且这个人以 7 条鱼一天的价格把它租赁出去，那么一整套的产权关系就会产生效力，而这些关系无法被还原为渔夫的劳动。然而，马克思为了凸显出渔夫的劳动的首要地位，消隐了渔网在增加使用价值的产量时所

---

① 这与魁奈的"重农主义"（physiocratic）学说有相似之处。魁奈认为，剩余（纯）产品产生于农业投入的成本与农业产出的价值之间的差值。

发挥的作用，他提出：剩余完全产生于再生产劳动（1条鱼）所耗费的时间与再生产之外的劳动所耗费的时间（1条没有用渔网捕捞的鱼和9条用渔网捕捞的鱼）之间的差别。在这一点上，马克思和李嘉图派社会主义者一样，都有一种将劳动"协助"使用价值的生产的物质能力与通过劳动而建立起一种使用价值所有权的社会能力混淆起来的倾向。① 但是，如果具体劳动在物的生产中不具有任何特殊地位，那么具体劳动在剩余产品的增加中也是如此。所以，是产品所有者之间的社会关系构成了对物的产权，而不是劳动和劳动协助生产出的产品之间的关系。②

考虑到社会层面，马克思提出，尽管具体劳动仅仅在使用价值的生产中提供协助，但使用价值是工人目的的物化。通过这种方式，马克思肯定了在劳动和生产中的物之间存在一种直接的关联，因为生产中的物是劳动在社会中的物化。这为马克思的剥削论奠定了基础。马克思认为，剥削在所有生产方式中都存在，因为劳动对它所生产出的剩余没有支配权。"使各种社会经济形态，例如奴隶社会和雇佣劳动的社会区别开来的，只是从直接生产者身上，劳动者身上，榨取这种剩余劳动的形式"（Marx 1976，p. 325）。但是，如果剥削是一个超历史的现象，那么它必然建立在一系列超历史的产权的基础上："把价值看作只是劳动时间的凝结，只是物化的劳动，这对于认识价值本身具有决定性的意义，同样，把剩余价值看作只是剩余劳动时间的凝结，只是物化的剩余劳动，这对于认识剩余价值也具有决定性的意义"（Marx 1976，p. 325）。然而，这其中不仅假设了超历史的产权的存在，而且预设了在任何特定生产方式中，超历史的产权都优先于历史形式的产权。尽管从生产方式的角度来看，奴隶制和封建制度可能是正义的，但这两种制度就一般性生产而言却是非正义的。

---

① 我们的确可以说，在缺少生产资料的前提下，劳动无法创造剩余。马克思以"原始共产主义"论证了这一点，但马歇尔·萨林斯（Marshall Sahlins）对此做出了反驳。如此一来，"必要劳动时间"和"剩余劳动时间"之间是否存在区别，便取决于生产资料的发展。

② 马克思在《哥达纲领批判》中提出："只有一个人事先就以所有者的身分来对待自然界这个一切劳动资料和劳动对象的第一源泉，把自然界当做隶属于他的东西去处置，他的劳动才能成为使用价值的源泉，因而也成为财富的源泉。"（《马克思恩格斯全集》第19卷，人民出版社1979年版，第15页。）

为了支持这一观点，马克思表明，奴隶和（徭役）农民也抱有一种超历史的产权观，这使得他们将自己所身处的生产方式视为非正义的。资本主义制度下的工人被交换关系所蒙蔽，而农民和工人不同，他们对自己被剥削的境况心知肚明。这是因为，工资形式"消灭了工作日分为必要劳动和剩余劳动、分为有酬劳动和无酬劳动的一切痕迹"（Marx 1976，p. 680）。但是在封建制度中，"服徭役者为自己的劳动和为地主的强制劳动在空间上和时间上都是明显分开的"（Marx 1976，p. 680）。因此，"每一个农奴都知道，他为主人服务而耗费的，是他本人的一定量的劳动力"（Marx 1976，p. 170）。

然而，要让农民认为他们（协助）生产的产品属于他们，其前提是农民的劳动力属于农民。也就是说，这一观点预设了一系列只在资本主义下出现的产权和社会性区分。但是罗德尼·希尔顿（Rodney Hilton）表示，封建制度下的农民并不认为他们身处马克思所称的剥削之中，而是倾向于接受"上帝安排给他们"的低等地位和这种地位所附带的一系列义务。所以，当农民奋起反抗其封建领主时，通常是因为领主违反了某种惯俗的安排，而不是因为农民意识到自己具有客观的产权。（Hilton 1973，p. 114）在这一意义上，马克思错误地将他自己（规范性的）剥削观投射在了封建制度之上，并且错误地认为农民拥有这种剥削观。尽管从现代角度出发，农民处于剥削中这一点或许是显而易见的，但是这与封建生活中的道德观相违背。在封建制中，以个体为基础（个人）的产权建立在（人际）公有产权的基础上，并且由公有产权所决定。

马克思之所以能对支配产权的规范性原则不予考虑，是因为他具有"唯物主义"劳动观，或者更具体而言，是因为他具有以主体为中心的劳动观。对马克思而言，产权拥有隐含的、建立在人与物之间的主客体关系之上的物质内容。这让马克思冲破了构建出历史性的、被中介的产权的主体间关系的复杂之网，而看到了由一般性生产所构建的产权。但是，正如卢梭所说，产权并不在于所有权的宣告，而在于他人对这一宣告的接受，也就是在主体间建立起来的产权的有效性。因此，社会合法性不仅仅是笼盖在物质现实之上的意识形态幻觉，而是产权的本质所在。所谓合法产权具有无可忽视的主体间维度，也就是所涉参与者认为的有效性。或许马克思并不乐于看到在资本主义制度下由交换所建立的产权，但是，在没有使社会生活具体化的伦理维度的前提下，他却无法用客观的产权取代由交换建立的产权。

剥削与交换

马克思的劳动剥削理论的核心，在于工人出卖劳动力所获得的回报和工人为资本所生产的价值之间的差异。据马克思所说，这二者是不同的，因为它们所指向的是不同的事物。当工人将自身的"劳动能力"（Arbeitsvermögen）或者"劳动力"（Arbeitskräft）出卖给资本家时[①]，工人的劳动力在其创造价值的能力中获得了"使用价值"。也就是说，尽管工人表面上将其"劳动"（或更准确地说是他们在一定时间内的劳动，或"劳动时间"）出卖给资本，但是工人实际上却出卖了自身的"劳动能力"，也就是"人的身体即活的人体中存在的、每当人生产某种使用价值时就运用的体力和智力的总合"（Marx 1976, p. 270）。[②] 和所有商品一样，"劳动力"的价值是由"生产从而再生产这种特殊物品所必需的劳动时间决定的"（Marx 1976, p. 274）。因此，"它本身只代表在它身上物化的一定量的社会平均劳动"（Marx 1976, p. 274）。"劳动力的价值，就是维持劳动力所有者所需要的生活资料的价值。"[③]（Marx 1976, p. 274）由于劳动力的价值包含"历史的和道德的因素"，所以劳动力的价值具有一定程度的不确定性（Marx 1976, p. 275）。但是，只要资本家付给工人的工资和当时的主流标准相当，资本家就遵从了劳动价值理论中的"等价原则"。

马克思认为，工人依据自身所体现出的"客观"价值量而获得一份合理的薪资。"难道资产者不是断定今天的分配是'公平的'吗？难道它事实上不是在现今的生产方式基础上唯一'公平的'分配吗？"（Marx 1968, p. 317）在这一

---

① "mögen"是"möglich"的衍生词，意为"可能的"或者"潜在的"；而"Arbeitskräft"在德语中被用于指示出卖劳动力，例如此短语所示"seiner Arbeitskräft verkaufen"（出卖他的劳动力）。
② 请注意，马克思与李嘉图派社会主义者都将劳动视为使用价值的物质（physical）生产者。
③ 此处也有一层隐含之意，即劳动力的价值相当于在生产过程中消耗的价值。也就是说，劳动再生产的成本等于消耗劳动的成本。然而，工人无论是否工作都需要消费，因此闲暇也同样消耗着精力，需要在工资中得到补偿。

意义上，雇佣劳动的正义性以市场之中占据主导地位的等价交换原则为基础。马克思因此断言，交换领域，也就是劳动力被买和卖的领域"是天赋人权的真正乐园。那里占统治地位的只是自由、平等、所有权和功利。自由！因为商品例如劳动力的买者和卖者，只取决于自己的自由意志。他们是作为自由的、在法律上平等的人缔结契约的。契约是他们的意志借以得到共同的法律表现的最后结果。平等！因为他们彼此只是作为商品所有者发生关系，用等价物交换等价物。所有权！因为他们都只支配自己的东西。功利！因为双方都只顾自己"（Marx 1976，p. 280）。

这意味着，只要其中的个体意志使然，交换就是一个自由、平等、财产和利己主义的领域。它构成了一个主体间的产权的世界。然而，在这个世界中，什么都不能违反一个事实，即工人是创造剩余的主体。而这个主体间的世界能做的，只是确证资本家对剩余的所有权：

> 货币所有者支付了劳动力的日价值，因此，劳动力一天的使用即一天的劳动都归他所有。劳动力维持一天只费半个工作日，而劳动力却能劳动一整天，因此，劳动力使用一天所创造的价值比劳动力自身一天的价值大一倍。这种情况对买者是一种特别的幸运，对卖者也绝不是不公平。（Marx 1976，p. 301）

资本家能够从他所购买的劳动力中榨取一份剩余，这个事实并不是"对卖者的不公平"，因为工人获得了"劳动力的日价值"作为报酬。资本主义的正义建立在劳动力的买卖的基础之上，而这种交换以等价（equivalence）和同意（consent）为其基石。但是，如果工人负责生产进入流通的所有价值，那么他们一定拥有对这些价值的权利吧？马克思似乎同意这种观点。为了说明这一点，他让我们穿透"简单流通领域"的表象，"……庸俗的自由贸易论者用来判断资本和雇佣劳动的社会的那些观点、概念和标准就是从这个领域中得出的……"（Marx 1976，p. 301）马克思邀请我们进入到生产的世界中，在那里，"我们的剧中人的面貌"焕然一新，"原来的货币所有者成了资本家，昂首前行"；而

"劳动力所有者"怯懦又惊恐地跟在后面。(Marx 1976, p. 301)

然而，在生产中，不仅仅只有权力关系发生了改变，雇佣关系的公平性也同样发生了改变。资本家在购买了"劳动力"之后，发现自己拥有了两种使用价值："一定的有用劳动，裁缝劳动，鞋匠劳动，纺纱劳动"（Marx 1976, p. 301），还有"形成价值的一般要素……使它同一切其他商品区别开来……"（Marx 1976, p. 301）尽管资本家为工人的具体劳动支付了和劳动的再生产成本相当的薪酬，但是资本家也获得了抽象的生产价值的劳动，却没有为这种劳动付出等价的薪酬。而这第二种使用价值才是"价值的源泉，并且是大于它自身的价值的源泉"（Marx 1976, p. 301）。因此，雇佣关系是不公平的，它遮蔽了资本家取得创造价值的手段的过程，而创造价值的能力实则属于他人。

资本主义与正义

在一些人眼中，马克思的正义论漏洞百出、自相矛盾。但在另一些人眼中，他理论中的历史性因素和超历史因素是可以调和的。约瑟夫·迈卡尼（Joseph McCarney）认为，一旦我们对所涉及的两个领域做出区分，劳动力的买卖和剩余价值的榨取之间的张力便不复存在。"马克思认为，资本主义制度下的交换在其所对应的正义观中是正义的，而资本主义对剩余价值的掠夺则不在其前述正义观的统摄范围之内。"（McCarney 1992, p. 33）虽然马克思在谈及交换过程时使用了"历史性的正义"概念，但他眼中的"资本主义剥削既不是正义的，也不是非正义的，而是在正义的范畴之外"（McCarney 1992, p. 36）。正如马克思自己所说："如果说预付在工资上的价值额不仅仅在产品的生产过程中简单地再现出来，而且还增加了一个剩余价值，那么，这也并不是由于卖者被欺诈，——他已获得了自己商品的价值，——而只是由于买者消费了这种商品。"（Marx 1976, p. 732）

为了支撑自己的观点，迈卡尼从马克思的作品中收集了许多支持性的证据，比如当马克思说"交换规律只要求彼此出让的商品的交换价值相等……同它们的消费毫无关系"（Marx 1976, p. 732）；或者"剩余价值要工人耗费劳动，而不要资本家耗费任何东西……却成为资本家的合法财产"（Marx 1976, p. 731）。因此，迈卡尼提出，劳动是剩余价值的源泉而剩余属于资本家的观点中并无任何矛盾之处。因为产权具有永恒的历史性维度，而在资本主义中，产权的历史性是由交换所建立的：

> 劳动力的使用价值即劳动本身不归它的卖者所有，正如已经卖出的油的使用价值不归油商所有一样。货币所有者支付了劳动力的日价值，因此，劳动力一天的使用即一天的劳动就归他所有。（Marx 1976, p. 301）

然而，只要劳动确实是价值的唯一源泉，价值就是劳动的属性。诺曼·杰拉斯（Norman Geras）认为，问题不在于马克思是否认为资本主义是非正义的，而在于在何等标准之下马克思判断它是非正义的。也许，正如阿兰·瑞安（Alan Ryan）所说，生产中的正义不等于交换中的正义。"在购买劳动力时，资本家并没有违反'等价交换'的原则；而在劳动力的使用中，他却违背了这一原则……资本主义是自我矛盾的，它在被迫宣扬正义原则的同时，又不得不以违反正义原则的方式进行生产"（Ryan, in Geras 1992, p. 46）。虽然杰拉斯同意，马克思是从交换的角度出发批判了生产中的不公平现象，但他认为马克思的剥削理论建立在一系列联系之上，这些联系不仅与交换无关，而且与资本主义这一特定历史生产方式无关。因此，杰拉斯提出，马克思运用了两个"正义"概念：一是相对主义的正义，来源于交换；二是"更宽泛的、非相对主义的正义，隐含于马克思的作品之中，决定着马克思最根本的一些判断"（Geras 1992, p. 40）。

马克思认为，站在非相对主义的立场上，以交换为基础的产权和以生产为基础的产权相比纯粹只是幻觉。这是因为，在资本主义之下"只存在表面上的交换，因为……用来交换劳动力的资本本身只是他人劳动产品的一部分，它没有经过等价交换而遭到了掠夺……"（Marx, in Geras 1992, p. 49）也就是说，资本主义是剥削性的，因为工人没有获得他们有权享有的全部价值。相反，资本主义确保"资本家总是不必经过交换就占有他人劳动的一部分……"（Marx quoted in Geras 1992，p. 49）。"庸俗经济学家"心满意足地记录着：

> 每个交换行为就其本身……，撇开它与以前和以后的交换行为的一切联系……如果我们把资本主义生产看作不断更新的过程，如果我们考察的不是单个资本家和单个工人，而是他们的整体，即资本家阶级和与它对立的工人阶级，那么，情况就会完全不同了。但这样一来，我们就得应用一个与商品生产完全不同的标准。（Marx 1976，p. 732）

尽管从表面上看，资本家对劳动力的购买似乎是一种公平的关系，但只要等价交换建立在工人的同意和具体劳动的再生产成本上，这种购买行为就掩盖了一种不公平的关系——资本家在未得到活劳动的允许的前提下，占有活劳动的生产力。因此，以交换为基础的产权之合法性只是一个"幻觉"，它遮蔽了劳动才是价值的真正源泉的事实。"工人和资本家的一切法权观念，资本主义生产方式的一切神秘性，这一生产方式所产生的一切自由幻觉，庸俗经济学的一切辩护遁词，都是以这个表现形式为依据的……这种表现形式掩盖了现实关系，正好显示出它的反面。"（Marx 1976，p. 680）交换关系正是以这种方式隐藏了资本家强迫工人为自己生产剩余的强盗行径。由此可见，马克思并没有认可交换关系的正当性，他认为交换关系仅仅是将产权的真正基础——生产"神秘化"了。"甚至……用等价物交换等价物，那还是征服者的老把戏，用从被征服者那里掠夺来的货币去购买被征服者的商品。"（Marx 1978，p. 728）

诚然，交换中的"等价"概念与马克思的剥削理论之间并无矛盾之处，因为二者都以劳动价值论为其前提。工人在交换中获得的工资等于每一个工人"体现"（embody）出的价值量。但是，假设只有工人负责价值的"生产"，工资却少于每一个工人每天能生产出的价值量，这其中的问题不在于交换中的等价和生产中的非等价，而在于二者背后的正义观之间的关系。虽然劳动力的买卖遵从等价交换的原则，但是这并不能解释劳资关系的全部。相反，资本家在购买其工作能力之后，便让劳动力进入工作，以生产比劳动力价值更高的"使用价值"。此时的资本家能够从工人的剩余劳动时间中获得剩余价值，而工人在剩余劳动时间中却不获得任何报偿。因此，资本主义完全是一种非正义的生产方式，而工人有充分的理由反抗和颠覆资本主义。

自我物化与同意

杰拉斯的分析揭示出，马克思在调和历史性的、以交换为基础的所有权论与超历史的、以生产为基础的所有权论之时遇到了困难。但绝非像南希·弗雷泽所说的，马克思在《资本论》中所描述的非正义"本质上是分配问题"（Fraser 1997, p. 17）。相反，资本主义制度之下的价值分配之所以是非正义的，其原因在于劳动被迫披上了价值这一陌异的外衣并物化自身。马克思的剥削理论建立在这样一种观点之上，即劳动自我建构的力量被资本主义异化了。正如哈利·布罗德（Harry Brod）所说：

> 马克思从黑格尔处继承了这样的观点：财产的拥有，作为我意志的外化和物化，是我个性自由发展必要的一部分。在马克思的体系中，这种观点的结果是异化。所谓异化，指的是资本主义生产的问题并不在于违反某些分配正义的原则，而是在于对一个自由人的本质的侵犯。（Brod 1992, p. 74）

所以，资本主义最主要的不公正并不在于工人生产出了剩余价值，而在于工人生产出了价值——一种异己的、篡夺了他们自我建构的力量的社会关系。然而，布罗德将马克思与黑格尔相提并论会造成一定的误解，因为在马克思眼中，工人对自己（协助）生产的产品的所有权是基于劳动在价值中的（自我）物化；而黑格尔认为，所有权是一项主体间的、被中介的权利，它必须在交换中被他人承认。马克思提出，合法产权的社会基础实际上是由劳动（以客观的价值的形式）所"生产"；而黑格尔认为，合法产权来源于"各方承认彼此为人且为财产的所有人"（Hegel 1991, p. 103）。因此，尽管马克思因为工人无法掌控自身的物化过程，而将交换视为非正义的，但黑格尔却因为工人能自由地授意，并将他们的"劳动时间"出卖给资本而认为交换是正义的。① 然而，只要马克思认为，"同意"在合法性交换的建构中发挥了作用，它就会成为马克思作品中矛盾的症结所在。

据马克思所说，工人"作为自由的、在法律上平等的人缔结契约。契约是他们的意志借以得到共同的法律表现的最后结果"（Marx 1976，p. 280）。马克思指出，交换之所以是公平的，是因为所有当事人都同意进行交换。但是马克思并没有将这一点作为交换的公平性的最根本基础。相反，交换的公平性建立在一个"客观"事实上，即工人获得的工资等于劳动力的价值。因此，同意与否的问题不仅和正义无关，而且是正义所造成的最主要的"幻觉"之一。马克思可以不考虑工人的同意问题，因为其同意根植于一种幻觉，即工资是耗费在工作上的时间（也就是劳动时间）的酬劳。虽然，马克思也偶尔提出，交换的公平性是以购买一定时长的劳动为基础，比如"货币所有者支付了劳动力的日价值，因此，劳动力一天的使用……就归他所有"（Marx 1976，p. 301）。但在现实中，工人无权同意将"劳动力的日价值"出卖给资本家，因为资本家所购买的不是实际的劳动时间，而只是劳动的潜能。"劳动是价值的实体和内在尺度，但是它本身没有价值。"（Marx 1976，p. 677）工人无法同意将劳动时间出卖给资本家，就像资本家也无法从工人处购买劳动时间。

正因为资本家无法购买"劳动时间"，所以他们无权支配劳动时间。劳动时间是无价的，它无法成为工资契约的基础。作为工资-劳动交易发生的先验原因（而不仅仅是交易中的组成部分），劳动时间只给人以被出售（异化）的幻觉。出售的真正对象其实是劳动力，工人为此取得了与维持自身所必需的商品和服务的价值相当的合理报酬。资本家所获得的是一场"移动的盛宴"（moveable feast），即无限量地创造价值的劳动，他们可以依照自己的意愿自由使用这些劳动。

---

① 归根到底，黑格尔的理论也同样建立在以主体为中心的社会关系观的基础之上。虽然在黑格尔的著作中，"市民社会"的主体间性与国家的客观性之间存在着一种张力，但是自我建构的超验行动者（精神）却并不会使主体间的交换契约像马克思所说的一般成为"虚幻"（illusory）。

通过这种方式，马克思颠覆了建立在客观评估价值的生产和分配基础上的、由工人和资本家所缔结的主体间的协议。马克思旨在"科学地"说明，无论在交换那个"天赋人权的真正乐园"中缔结的契约内容为何，工人都受到了剥削（Marx 1976, p. 280）。这是对（主体间构建的）工人的同意的否定，是对（客观构建的）价值关系的认可。但最终，这是对主体间的规范和资本主义社会关系的价值观的否定，也是对其中参与者的"主观"判断的否定。马克思并没有用批判理论来支持后者，抵抗系统对道德（价值）的客观化，而是认可价值的客观化。其中的讽刺之处在于，马克思以自我建构之名，否定了自我建构。他将自我建构归于自我物化之下，默许了系统的客观社会结构对社会规范的吸纳。

自我建构伦理内涵的重构

马克思之所以能够不考虑参与者——无论是资本家还是工人的规范和价值观，是因为他了解更深层的"客观"真相。在"发现"价值是自我物化的劳动的（异化）属性后，马克思认为，无论是以交换为基础的公平还是以生产为基础的不公平，都不依赖于参与者的想法。相反，无论是前者虚幻的公平还是后者真实的不公平，都是系统的客观属性，与参与者的认知无关。

马克思将自我建构价值的能力归结于劳动的属性，因而不需要对资本主义进行道德批判。只要他对资本主义的批判建立在资本主义社会关系的实际情况之上，那么他便可以全然抛却道德评断。这样一来，马克思的批判根植于一种对立，即表面的情况（在交换中）和实际的情况（在生产中）之间的对立。因此，他无需质疑价值关系的客观性，正是这种客观性为马克思揭露剥削的真相提供了可能。只可惜，他的剥削理论带有它所批判的那种社会关系的全部特征，因为马克思"科学的"剥削论反映出资本主义对价值判断的客观化。所以，马克思没有批评资本主义阻碍了参与者做出自己价值判断的能力，而是用他的劳动价值论代替了前者。然后，参与者被要求放弃他们的道德价值观（基于一种幻觉），而去拥抱马克思主义的科学真理。

马克思认为，自我建构不是资本主义社会中行动者的活动，而它本身就是建构资本主义的行动者。他摒弃了参与者的（主体间的）判断，而选择了劳动的（客观）属性。结果，马克思自己对资本主义不公正的判断并不是建立在工人的判断之上，而是建立在劳动创造价值的属性之上。其结果是一套客观的价值判断，这些判断在劳动的主体间性之外，宣称资本主义是非正义的。马克思所运用的一系列客观判断，因其所批判对象的超验性而具有了超主观的性质。在此情况下，马克思对资本主义的批判便不是沿着资本主义对自我建构能力的具体化而展开，而是从一个客观的角度，即假设自我物化是劳动的天然属性。在发现人类劳动的真正本质后，马克思以规范性的具体化为代价，避开了规范性原则。

　　然而，马克思却无法回避提出规范性的有效性要求。他对资本主义的批判充满了正义的道德义愤。只不过，马克思没有把反对资本主义的参与者作为其道德立场的出发点，而是以劳动自我物化的属性作为其道德主场的基石。这样一来，马克思就让自我建构成为劳动的本体论属性，而不是工人运动的一项主体间属性，因此违背了作为批判资本主义利器的自我建构原则。为此，理查德·温菲尔德（Richard Winfield）提出，马克思回避参与者观点的尝试让我们联想到一种"自然意志"：

　　　　能动性并不产生于任何被施行的实践关系，而是作为无法被舍弃的假设先于关系而存在。也就是说，它的自主性并不依赖于任何契约或制度而存在，而是处在一种自然状态中，一种独立于意志的自我决定而存在的"自然"境况。由于意志本身就存在于这样一种自然状态中，是给定的，而不是经过决定、经由意志自己的行为才进入到存在之中，自然状态在逻辑上先于任何符合自由意志的建制性关系。（Winfifield 1991，p. 92）

　　可见，温菲尔德反对"自我决定"是我们"类存在"的超历史属性这一观点。他认为，自我决定是我们"社会存在"的一项历史属性："自由不是自然的或是独白式的潜能，而是实际交往的结构，其中包含众多意志指向彼此的、互相尊重的行为。"（Winfifield 1991，p. 92）同样地，本哈比也提出，"如果人只是一个规范性的范畴，人的利益必须要在斗争的过程中得到定义，而不能被提前指定。因为人本身只会是斗争的目的，而不会指向一个先在的主体。人类利益，不是理论家所宣称的唯一的人类利益，而是社会行动者在斗争中逐渐意识到的属于他们的共同目标和愿望"（Benhabib 1986，p. 131）。

有些时候，马克思也乐于承认，自我建构并不是劳动的天然属性，而是从历史中涌现出的现代社会关系的属性。他提出，"人类财富"是"人的创造天赋的绝对发挥……除了先前的历史发展之外没有任何其他前提……"[1]（Marx 1973，p. 488）然而，这一历史性的自我建构论（剥除了它客观的外衣）必须承认它在这世间的主体间性土壤。[2]所以，马克思必须将自我建构的原则看作是与限制它的系统相伴而生的，而不是认为自我建构是自我客体化的主体不可剥夺的属性。马克思必须承认，他的资本主义批判在一定程度上依赖于一套规范性原则，而这些原则只产生于现代性。只可惜，马克思往往对现代性的规范性内涵采取轻视的态度，比如当他提出，"人的权利不过只是市民社会成员的权利，也就是利己的人、与其他人和社群相分离的人的权利"（quoted in Lukes 1985，p. 65）。[3]但是，马克思能承担起忽视"人的权利"的代价，这是因为他已经将其规范性内涵转移到了劳动的本质之中。因此，马克思并没有将他对资本主义的批判建立在"自由、平等、博爱"的原则之上，尽管这些原则影响了工人运动中的正义观；他反而将这些原则吸纳进了自我物化的劳动的本体论属性中。接下来，马克思进一步表明，资本主义所违背的并不是从历史中涌现出的"自我建构"概念，而是违背了扎根于人类劳动的"自我物化"这个超历史的概念。

马克思未能将他对资本主义的批判建立在工人所感受到的不公正之上，正如本哈比所说，这是将工人的斗争贬低为实现超历史目的的手段。工人不是自

---

[1] 本哈比认为："这一节精妙地道出了马克思的资本主义批判中隐含的规范性理念。马克思所设想的是一种能动的人性，活跃、进取，改造自然并在这一过程中展现自然的潜能。"

[2] 可以说，这些能力在前现代的社会关系中已然是潜在的。它们也同样是参与者（无意之间）的创造。然而，只有到资本主义出现之后，参与者建构社会关系的能力才进入到参与者的意识之中。

[3] 卢克斯认为，马克思对"人的权利"的构想是"狭隘而贫瘠的"，他无视这些权利在"非利己主义、非资产阶级生活"中的效用，"以及这些权利与社会主义斗争之间的相关性……"

身的目的，而是被转变为"不可避免的"历史规律的手段。（Marx 1976, p. 929）这些目的被认为是内在于现实劳动过程之中的，而不是身处资本主义生产过程中的现实工人的。但是，只有当马克思将现实的工人当作其资本主义批判的基础，他才能够重构作为现实劳动基础的自我建构原则。若非如此，马克思便犯下了阻碍工人做出规范性判断的错误，正如他所谴责的资本主义系统阻碍了劳动自我物化的能力。因此，只有将自我建构的道德观从自我物化中解放出来，我们才有可能重构马克思主义的规范性内涵。

对于剥削的规范

马克思认为，工人享有对其（协助）生产的产品的权利，因为工人在产品中对象化了自身的目的。这一权利与工人是使用价值的唯一生产者无关，而是基于这样一个事实，即工人是其所有权凭证（title of ownership）——价值的唯一生产者。因此，只要价值是资本主义制度下合法所有权的基础，工人就享有对其（协助）生产的全部财富（使用价值）的权利。然而，如果我们不将价值理解为劳动的一件准自然主义的产品（如马克思一般），而是将价值看作一种主体间的、经过中介的权利（如黑格尔一般），那么劳动和"它的"产品之间的客观联系就会断裂。要想重新建立起这种联系，就必须考虑到交换的主体间性和它所建立的规范性的有效性要求。

那么，一种规范性的剥削论会是什么样的？格里·科恩（Gerry Cohen）认为，在不依靠劳动价值论的前提下，将劳动和劳动的产品关联起来仍是可能的。这是因为，"无论工人是否生产价值，他们所生产的产品是有价值的"（Cohen 1988a，p. 226）。所以，工人是否生产价值这个问题"对劳动遭到了剥削这一点而言无关紧要"（Cohen 1988a，p. 229），因为"只要工人创造出有价值的物，却没有得到那件物的全部价值，工人看上去就受到了剥削"（Cohen 1988a，p. 229）。但是，这取决于观察者是谁。从新古典主义经济学的角度出发，只要工资符合劳动的边际生产力，工人就算得到了公平合理的薪酬。因此，杰拉斯称："制造出一件物这个单薄的事实，不比其他与这件物的任意关联更为重要，

这其中的道德相关性是晦暗不明的。"(Geras 1992，p. 60)

即便如此，杰拉斯相信，我们以"气力"为基础，在劳动和劳动（协助）生产的物品之间建立起一种非任意的、具有道德相关性的联系是完全有可能的。[1] 因为与生产资料的所有者不同，工人在物品和服务的生产中耗费了气力。在这一意义上，杰拉斯认为，只要工人为气力的耗费没有获得"公平的回报"，他们就受到了剥削。[2] (Geras 1992，pp. 60 - 61) 马克思的剥削论假定，剩余价值率会随着受压迫的感受呈反比变化。而杰拉斯在剥削和压迫之间画上了等号，这更符合人们常识中对剥削的理解。同时，杰拉斯的这一表述不受历史阶段的限制，它根植于实际劳动过程中的血汗和泪水。

然而，"气力"却难以衡量。和计算机操作员相比，挖矿工人是否受到了更深程度的剥削？如果机器减轻了挖矿工人的工作量，他们受剥削的程度是否有所减轻（而不是像马克思所说的，受到了更深重的剥削）？对于杰拉斯而言，"气力"的重要性似乎在于，它在有产者和工人之间存在着分布上的不均等。在这一意义上，杰拉斯的剥削论与李嘉图派社会主义者的想法相似。例如，霍吉斯金谴责"劳动者必须和毫无生产力的游手好闲者分享他的成果"（Rubin 1979，p. 349）；而布雷表明，"每一个人都有无可置疑的权利，去享有他诚实的劳动为他创造的一切"（Rubin 1979，p. 348）。劳动和劳动产品之间的联系在交换中丧失，而这些说法都试图在二者之间重新建立起联系。只可惜，他们都忽略了一个事实，即要想重新建立起联系，就必须依赖一系列主体间的、被中介的有效性要求。例如，工人应当获得与他耗费的一定气力等量的价值。然而，一旦我们认同资本主义产权的合法性是在交换中建立的，那么只有依靠除平等、自由、所有权和利益（如马克思所说）之外的其他概念，我们才能挑战资本主义产权的合法性。所以，在劳动中发现某种能直接将工人和他们（协助）劳动

---

[1] 马克思也提出："实际劳动是工人实际给予资本家以换取劳动的购买价格的劳动……它是工人生命能量的耗费，是他生产能力的实现；它是工人的活动，而不是资本家的活动。劳动被视为一项个人的职能，在现实中，劳动是工人的职能，而不是资本家的职能。"

[2] 科恩也曾提出相似的观点，他区分了生产"具有价值之物"的工人和"不是本意上的劳动者"（labourers in that sense）的资本家。因此，当工人提供劳动时，"资本家提供资本，而资本并不是一种劳动"。

产品联系起来的属性是无意义的，我们需要提出一个规范性的有效性要求，为工人的产权要求确立主体间的有效性。

在没有劳动价值论的前提下，我们除了从资本主义在交换中建立的规范性秩序入手之外别无其他选择，这即意味着，我们必须以与劳动力对立的劳动时间的买卖为切入点。假定工人同意放弃对其劳动（在一定时间内）的支配权，工人也就同意放弃他们在将劳动出卖给资本的时间内所（协助）生产的物品和服务的所有权。要将工人和"他们的"产品联系起来，也就是在工人和"他们的"劳动之间再次建立关联。马克思和李嘉图派社会主义者的剥削理论的内核是，在工人与其劳动在交换中彼此割裂的表象背后，是工人与其劳动在生产中彼此相连的本质。因为在物的生产中贡献自己的技能、耗费自己的气力、付出自己时间的是工人，而不是其他任何人，但是工人所获得的工资却少于他们（协助）生产出的物的价值。科恩在他论述剥削的文章中，用拉尔夫·查普林（Ralph Chaplin）的歌曲《团结》（Solidarity）中的歌词作为引子，表现出二者间的道德相关性：

> 是我们开拓土地，建设城市，而他们在那里做交易；
>
> 是我们在挖矿，建设工厂，铺设无边的铁路线；
>
> 现在，我们却无家可归，在我们创造的财富中挨饿……（Cohen 1988a，p. 209）

这首歌的核心在于工人（协助）创造出的"财富"和他们无权拥有这些财富之间的矛盾。但是，正如杰拉斯所说，制造出某件物这一单薄的事实不具有明显的道德相关性。让这一"单薄的事实"具有道德相关性的是这样一种主张，即认为工人拥有自己的劳动，所以工人具有对他们凭借劳动（协助）生产的物的所有权。但要将这一主张化为现实实践，我们必须改变现有的产权基础，以实现"工人应当享有他们协助生产的一切"。这样一个有关分配的主张和另一种主张之间具有密不可分的联系，即工人有权在生产过程中支配自己的劳动，尤其是因为对生产过程的支配权的丧失将工人和生产中的目的割裂开来。

马克思认为，他能找到一种自然形式的目的论，在生产过程中将自身与物紧密联系在一起，进而避免工人丧失有目的性的支配权。到那时，劳动产品就会是工人的意向的物化。但是，正如温菲尔德所指出的，这指向的并不是工人"经验的"意向，而是受到资本家的目的和计划的影响，马克思也承认这一点；它指向的某种"先验的"意向性，是工人无可剥夺的属性，不以工人的实际意识为转移。因此，如果我们想要以批判的社会实践作为支撑社会批判理论的基础，那么只有当工人的社会性目的取得独立的组织形式时，我们才能说劳动的目的与它所对立的资本的目的相分离了。因此，"团结"是重要的，因为它指向工人彼此之间由规范构建的纽带，它无法被还原为由资本构建的经济纽带。工人所有的并不是已经存在于资本主义社会关系的表象之下的经济纽带，将工人借由共同利益团结起来的纽带必须在打破了价值生产的关系之后，才能得到锻造。团结的纽带是工人在将自身从系统自我再生的律令下解放出来的斗争中形成的。所以，只有当工人有能力从资本自我增殖的逻辑中逃离出来时，他们才能挑战在交换中形成的产权。因此，马克思强调自我建构对于分配的重要性是正确的，因为只有在一定程度的道德自律/伦理自主性（ethical autonomy）树立起来后，才可以探讨经济分配的问题。但是，马克思错误地将自我建构的属性归于自我物化之下，剥夺了参与者对资本主义正义与否做出道德判断的能力。虽然我同意马克思的看法，认为资本主义侵犯了参与者的伦理自主性，但是这条原则不能与劳动本身关联起来，否则便会违背促使工人将自身从系统中解放出来的伦理原则。所以，我们需要将马克思以主体为中心的自我建构论替换为主体间的自我建构论，使其扎根于参与者争取对自身社会关系一定程度上的民主控制权的斗争之中。

遗憾的是，以主体间的自我建构概念为基础而展开批判理论重建的尝试，往往倾向于绕开有关劳动的主张。规范性批判理论最主要的推动者尤尔根·哈贝马斯（Jürgen Habermas）为主体间性确立了边界，将劳动排除在主体间性的道德要求范围之外。哈贝马斯将现代性的规范性内涵限制在"交往行为"的范围之内，因此，劳动便披上了一层纯粹的工具性的外衣，与系统的"非规范性"相一致。在这一意义上，哈贝马斯尝试以主体间性作为自我建构的基础，但其所产生的效果却印证了劳动对资本的从属地位。这向我们提出了一个问题,即劳动的工具性究竟是劳动与自然进行"代谢"交换的(超历史的)功能,还是资本主义对劳动进行社会调节的功能。我接下来将会对这个问题进行探讨,主要考察哈贝马斯在根植于现代性的规范性内涵的主体间性基础上,重建批判理论的尝试。

第二部分

第五章 交往行为

近年来，企图依照自己的形象构建世界的元主体（originary subject）的观念遭到了多方猛烈抨击。为此，有些人宣称"主体已死"而转投超主体性的怀抱，例如米歇尔·福柯关于"话语"的概念就堪称这方面的代表。然而，诸如哈贝马斯等人却力图留存现代精神中的自主性，并为其重建一个主体间性的基础。在这一章中，我将考察哈贝马斯为批判理论重建规范性基础的尝试，并从马克思到卢卡奇再到法兰克福学派中哈贝马斯的先行者那里寻找这种尝试的起源。我想要重点探讨马克斯·韦伯的"工具理性"在这一脉络中的重要意义，以及它所导致的种种讹误。

从马克思到卢卡奇

韦伯的现代性理论之所以具有强大的说服力，是因为他利用了马克思理论中的弱点。如我们所见，马克思决定将自我建构的现代精神奠基于本体论层面上的自我对象化原则，并以此展开了资本主义客观性的正当化解读。马克思提出，"生产力"的发展能促使人从资本主义"生产关系"的牵制中解放出来。（Marx 1976，p. 929）而韦伯对此提出了反对意见，并认为后者（生产关系的物化）是前者（生产力的发展）的必然结果。韦伯将马克思的自我客体化/对象化的主体性概念视为某种"目的理性"或者"工具理性"（Zweckrationalität）。尽管韦伯认同马克思将自我对象化看作是有目的性的劳动的必然结果这一观点，但他却不相信这种现象能通过其他生产组织形式来克服。韦伯表示，现代科层化是生产愈发合理化（rationalization）的不可避免的结果。"科层制行政管理的优越性，其主要根源于技术知识的作用，由于现代技术和商业方法在货物生产中的发展，这种技术知识已经变得完全不可或缺。在这方面，无论经济体制是建立在资本主义还是社会主义基础上，其间并无区别。"（Weber 1978, p. 223）

这种颠倒用黑格尔的表述最容易理解。如我们所知，黑格尔求助于一种救赎式的"内化"伦理（Er-innerung）来扬弃精神在"市民社会"中的"外化"（Entäusserung），而马克思在超越了"再内化"的、自然的"对象化"（Gegenständlichung）和能被社会主义所扬弃的、历史的"异化"（Entfrem-dung）之间做出了区分。然而，韦伯却消弭了对象化和异化之间的区别，提出我们有可能通过减缓现代技术进步，将"外化"的"伦理生活""再内化"。① 于是，启蒙精神向我们承诺的自我建构将在科层化的"铁笼"（stahlhärtes Gehäuse）中终止，我们注定亲手打造出这座铁笼，也无法摆脱身锁其间的悲剧。（Weber 1992, p. 181）

但是，韦伯将自我异化描述为自我客体化/对象化的必然结果这一说法也受到了挑战。虽然格奥尔格·卢卡奇是经由韦伯才接触到马克思主义，但是他却深刻地认识到，韦伯对现代性宿命论式的诊断对马克思解放全人类的目标造成了威胁。如果韦伯是对的，而社会关系的物化/客观化是"生产力"发展无可避免的副产品，那么马克思将人类从资本主义异化的"生产关系"中解放出来的梦想便是纯粹的空想。韦伯悲观地忽略了对象化和异化之间的区别，而卢卡奇也并没有像马克思在其早期对黑格尔的批判中所做的，尝试对二者重新做出区分。② 他认为，资本主义社会关系的客观性是商品关系占据支配地位的结果。卢卡奇与齐美尔对货币的观点相似。他提出，商品交换是一种"物化"（Ver-dinglichung），在其中，原子化的个体需面对一套客观的"自然规律"的要求。

----

① 韦伯认为，现代科层组织是一种"无生命的""凝结了的精神"（congealed spirit）。
② 在卢卡奇写作《历史与阶级意识》之时，这些著作尚未出版，因而他无从了解这些作品。

资本主义生产的"自然规律"已经延展并覆盖了社会中生活的方方面面，而个体的原子化只不过是这一事实所导致的意识的本能反应。在历史中，整个社会第一次被统一的经济进程所支配，或倾向于被其支配，而社会中每一个成员的命运都被统一的规律所决定。（Lukács 1971a，p. 92）

因此，卢卡奇认为，资本主义的物性（reified character）来源于其凌驾于生产它的主体之上、获得其"自主自立的"（autocephalous）生命的能力。①（Lukács 1971a，p. 90）在这一基础上，卢卡奇批判了德国唯心主义，批评其在论述主客二分时未能考虑到历史的特殊性。

首先，卢卡奇称赞了康德将自我建构的主体性放在他论述客观世界时的中心位置。但是，康德将自我建构的主体性等同于"先验的"能动性，卢卡奇认为这是资本主义制度下"经验主体"与其社会关系彼此异化的表征。"认识论的二重性"（epistemological doublings）是康德在尝试克服"自律性"和"他律性"的分裂时所表现出来的特征，它体现出社会现实中"自由和必然性之间尚未克服的、无法化解的……永恒的矛盾……"（Lukács 1971a，p. 124）

康德在扬弃现代性中自由和决定论之间的辩证关系时遭遇了失败，这促使费希特和黑格尔试图找到某个更综合性的"理性"的概念，将其分裂的部分（再）内化。"和教条式地接受一个纯粹既定的现实——与主体相分离——相反，它们要求将每一种既定性理解为同一的主客体的产物，将每一种二重性理解为从这种原初统一之中派生出来的特殊情况。"（Lukács 1971a，p. 123）在说明世界的"他律性"是被异化的主体所创造之后，费希特和黑格尔必须指认一个有能力"再内化"这个异化了的世界的"主体"。因此，卢卡奇表明："一方面有必要找出解决所有这一切问题的场所；另一方面也有必要具体地展现出，作为历史主体的'我们'的行动事实上就是历史。"（Lukács 1971a，p. 144）然而，正如黑格尔认为费希特的自我客体化的"自我"（Ich）过于主观并拒斥这个概念，卢卡奇也同样认为黑格尔的世界精神（Geist）过于客观并拒斥了它。卢卡

---

① "autocephalous"这个词意为"自治的"（self-governing），韦伯曾用这个词来描述现代资本主义经济。随后，卢曼所使用的术语"autopoietic"（自我生成的、自我创造的）便取而代之。

奇批评黑格尔将"民族精神"（spirit of the people）归属于凌驾于人之上的"世界精神"麾下，因为这意味着：

> 民族精神只有在表面上才是历史的主体，是它的行为的行动者……实际上，世界精神利用了符合实际要求的、符合世界精神理念的一个民族的"天然性格"，借由民族精神却不顾其意志来完成它的行动。（Lukács 1971a，p. 146）

卢卡奇并没有尝试为黑格尔的"民族精神"正名。相反，他沿着马克思的路径，在人类劳动中找到了作为历史主体的"我们"。他称赞了马克思的发现，即"在物的掩盖之下是人与人之间的关系……在量的外壳之下是质的活生生的内核。现在这个内核显露了出来，我们便有可能以劳动力的商品性质为基础，认识到每一件商品的拜物教特征……"（Lukács 1971a，p. 169）

卢卡奇发现，资本主义的客观化是建立在其行动者的主体化之上的。他随后提出，行动者的意识在克服资本主义的物化中发挥着关键的作用。因此，无产阶级意识"不是对某个对立客体的知识，而是对该客体的自我意识：意识的行为颠覆了客体的客观形式"（Lukács 1971a，p. 178）。所以，工人越是深刻地认识到自身即是资本的生产者，他们就越有能力重新占有资本主义的"客观"结构。[①] "当工人认为自己是一件商品时，他的知识是实用的。也就是说，这种知识会导致知识对象内部的客观的、结构的变化"（Lukács 1971a）。然而，只要无产阶级意识的变化会在资本主义的物化境况中引发某种改变，卢卡奇就会背上"唯心主义"的罪名。（Althusser 1979，p. 140）

尽管卢卡奇在晚期的文章中强调了"无产阶级政党"在消除系统中的物化现象中的重要意义，但是他仍在共产国际的第五次大会上被斥责为"唯意志主义"（voluntarism）。这一指责，再加上斯大林在苏联的领导作风和马克思

[①] 卢卡奇随后在同一篇文章中写道："无产阶级代表着真正的现实，也就是历史唤醒为意识的趋势。"因此，无产阶级被视为"历史的主体"，而历史被视为"客观"趋势的发展，二者在无产阶级意识的"主-客体统一"中合而为一。

《1844年经济学哲学手稿》的出版，迫使卢卡奇放弃了将自我对象化和自我异化合而论之的做法，转而采用了马克思对二者的区分。于是，在1967年德语版的《历史与阶级意识》的序言中，卢卡奇表示，他"比黑格尔更加黑格尔"(out-Hegel Hegel)的尝试是失败的，因为"当同一的主体-客体超越了异化，它必须也同时超越对象化。但是……让它回归于主体意味着客观现实的终结，也就意味着所有现实的终结"(Lukács 1971a, p. xxii)。而现在的卢卡奇认为，"对象化是……无法从社会中的人类生活中清除出去的现象"，因为它是一个"中立的现象"，伴随着所有人类实践而出现。(Lukács 1971a, p. xxiv)然而，当卢卡奇接受了资本主义社会关系的"客观化"是对自然有目的性的改造的必然结果，在韦伯对自我客体化的主体性的指认以及资本主义社会关系的他律性面前，马克思主义就变得毫无招架之力。

从卢卡奇到哈贝马斯

卢卡奇尝试将资本主义的客观性整合到从历史中涌现出的"主客一体"中去。虽然他无法解决这一尝试所造成的问题，但是他将齐美尔、韦伯和马克思批判性地结合在一起，这对法兰克福学派产生了极大的影响。卢卡奇试图将马克思的商品拜物教理论转变为对西方理性的全面批判，这一点强烈地影响了麦克斯·霍克海默、西奥多·阿多诺和赫伯特·马尔库塞。然而，法兰克福学派如今最为显著的成绩，并非将韦伯对现代性宿命论式的诊断导源于马克思基于物质进步所带来的解放观念，而是其后期对于这一图式的颠倒。[1] 正因如此，法兰克福学派与阿多诺和霍克海默的学说紧密联系在一起。在《启蒙辩证法》(1972)中，阿多诺和霍克海默认为，人为自我保存而进行的原始斗争是现代异化的根源。两人应和了韦伯对现代性的悲观论调，提出："人为其权力增长所付出的代价，与其所施行权力的对象相异化。启蒙之于物，正如暴君之于

---

① 请见戈兰·瑟伯恩（Goran Therborn）发表于《新左派评论》第63期中的文章《法兰克福学派》。

人。"① (Adorno and Horkeimer 1972, p. 9) 因此，哈贝马斯认为，阿多诺和霍克海默试图 "在人类学的基础上寻找产生物化意识的机制，即人类的存在方式是必须通过劳动来进行的自我再生产"(Habermas 1984b, p. 379)。

法兰克福学派将现代 "极权主义" 与工具理性的发展联系在一起，并且放弃了马克思对无产阶级带来解放的信念。他们选择了一种并非以劳动为其基础的批判理论。据哈贝马斯所说，这一批判理论的巅峰是阿多诺所提出的近乎海德格尔式的观点，即主客体的和解在于高雅艺术的 "模仿" (mimetic) 性 (ibid.)。在哈贝马斯看来，法兰克福学派中的前辈过于倚重已经毫无生命力的 "意识哲学"，并因此犯下了错误。(Habermas 1984b) 为了纠正这一错误，他回到了黑格尔早期的作品中，以求为意识重建主体间性的基础：

> 因为黑格尔没有将 "我" 的建构和单独的 "我" 对自身的反思联系起来，而是将其理解为形成性的过程，也就是彼此对立的主体之间在交往中的意见一致。反思本身没有决定性，普遍与个体身份的形成所依赖的媒介才是决定性的。(Habermas 1973，p. 152)

哈贝马斯在黑格尔早期的作品中找到了 "交往行为" 理论的雏形。在这一理论中，主体性的建构并不依赖于单独个体的自我反省的意识，而是依赖于主体间的意见一致。

然而，哈贝马斯的本意却并不是全然颠覆 "意识哲学" 并转向一个 "主体间的" 现代性理论。与此相反，哈贝马斯只是想开凿出一片空间，将后者从前者的物化属性中解放出来。因此，哈贝马斯和他法兰克福学派的前辈一样，都持有一个被韦伯所启发而得来的观点，即社会关系的物化是劳动目的性特征的必然结果。"当意识通过技术规则在无意间获得其劳动的果实，意识便从其物化返回到自身之中，它以机巧（或灵巧）的意识形式返回自身，而在它的工具性行为中，意识利用它对自然过程的经验来对抗这些过程本身。"（Habermas

---

① 这一立场与马尔库塞的观点相呼应："不仅仅是技术的应用，技术本身也是对自然与人的支配……"

1973，p. 154）从这一批判中产生的，是有关人的发展的两重相互独立却又彼此互补的自我建构方式的理论。在哈贝马斯为纪念马尔库塞的 70 岁生日所写的文章《作为"意识形态"的技术和科学》（1971）中，能找到有关这一分析的早期论述。

在这篇文章中，哈贝马斯批评马尔库塞将对自然的工具性态度等同于人的主宰，因为这意味着使批判理论成立的前提是：与自然建立非工具性的关系，"我们在可能发生的交往中把自然当作相对而立的伙伴"（Habermas 1971，p. 88）。与马尔库塞相反，哈贝马斯并不是在审美表达的维度中，而是在"象征性交往"的社会性中寻找工具主义的对立面。为此，哈贝马斯在目的理性行为（purposive-rational action）和交往行为（communicative action）之间做出了区分。（Habermas 1971，p. 88）前者对自然采取工具性的态度，服从于技术规则；后者对他者采取伦理性的态度，服从于共同订立的规范（Habermas 1971，pp. 91‑92）。①② 这种区分使得哈贝马斯能够避免韦伯将对象化和异化混为一谈的错误，并且作为替代，提出一种建立在"交往行为"之上的伦理性社会关系。尽管哈贝马斯赞同韦伯的观点，认为有目的性的劳动创造出一个客观的社会系统，使其凌驾于参与者之上，但是他在主体间的生活世界中保留了一个规范性的自我建构概念，并且以此作为基点对系统进行批判。

在这一意义上，哈贝马斯在两个关键的问题上背离了他之前的法兰克福学派学者。一方面，哈贝马斯对伴随"工具理性"的发展而出现的自由的丧失持有乐观的态度。而另一方面，他将"交往行为"看作规范性的堡垒，以抵御工具理性将自我建构的精神置于技术效率的暴政之下的倾向。在把主体-客体领域（劳动在其中以目的论的态度面对自然）和象征性交往的主体-主体领域分开之后，哈贝马斯决心将阿多诺和霍克海默对自然的模仿性态度替换为主体间的"互相承认"（reciprocal recognition），这一概念来源于乔治·贺伯特·米德（George Herbert Mead）的"象征性交往"理论。从一方面而言，这意味着行

① 更早期的一篇同名文章可追溯至 1967 年，它收录于英语文集《理论与实践》（1973）中。
② 诸如托马斯·麦卡锡在内的多位作家都曾指出此处的区别与汉娜·阿伦特在《人的境况》（Human Condition）中所做区分之间的相似之处。

动理论的范式转变，从以目的为导向的行为转变为交往行为；从另一方面而言，这也意味着在重建现代理性概念时的策略的转变，它使我们对世界的去中心化理解成为了可能。(Habermas 1971, pp. 391 - 392)

其结果是人的二重性理论。哈贝马斯因而能借助"人类通过成员间的社会性协调活动来维系自身"的观点来抵抗对自然的工具性态度 (Habermas 1971, pp. 391 - 392)。由此，哈贝马斯避免了使其前辈学者的现代性理论陷入困境的、将对象化和异化混为一谈的错误。他提出，人类的自我建构有两条独立的路径：一是主体-客体领域中的工具性劳动，二是主体-主体领域中的规范性交往。因此，只要"必须通过交往——并且在特定的核心领域，通过以达成一致意见为目的的交往建立协调性，那么人类的再生产也同样需要满足内在于交往行为的理性要求"(Habermas 1984b, p. 397)。哈贝马斯将以劳动为基础的客观的社会关系和以相互理解为基础的主体间的社会关系分别而论。由此他提出："乌托邦式的和解与自由内嵌于个体间的社会交往的条件之中，它内在于人类再生产的语言机制中。"(Habermas 1984b, p. 398) 哈贝马斯以此为基础提出，现代性的特征是（经济）系统和（符号的/象征的）生活世界的"脱嵌"。

生活世界的非系统化

哈贝马斯认为，在前现代时期，"物质"和"象征"形式的自我建构都融合在一个整体的规范性秩序中。"在古代社会非货币化的经济活动中，交换机制并没有从规范的语境中脱离出来，因此在经济和非经济的价值观之间不可能存在一道清晰的分界线。"(Habermas 1987a, p. 163) 然而，当人类主宰自然的能力进一步发展，一个独立的经济领域出现了，从生活世界中脱颖而出。(Habermas 1987a, p. 168) 这种发展的顶点是现代资本主义经济，在其中，参与者服从于"非规范性的指导机制"——货币。

和自我调节的现代经济一并出现的还有行政国家机器。它也从生活世界中获得了一定程度的独立性，因为它所倚仗的是准工具式的权力"指导机制"。因此，货币和权力越是凌驾在生活世界中的主体间性之上，就会有越多的以语言为中介的"社会整合"（social integration）被替换为非语言中介的"系统整合"（system integration）。"货币和权力等媒介附着在经验的关联上，它们代表着对可计算的价值量的一种目的理性的态度，并且使得为达成共识而进行的交往过程缺席的前提下，对其他参与者的决定做出普遍化的、策略性影响成为了可能。"（Habermas 1987b, p. 183）随着哈贝马斯（在卢曼之后）所说的"生活世界的技术化"，系统使得那些以物种的物质再生产为目的的人类行为领域"道德中立化"了。① （Habermas 1987a, p. 310）韦伯认为，一个囊括一切的科层系统是这个过程的必然结果。而哈贝马斯与韦伯不同，他认为"非规范性"指导机制的出现所产生的效应会被"依照规范"运行的生活世界所中和。

"生活世界"（Lebenswelt）的概念来源于胡塞尔和舒茨。对这两人而言，生活世界象征着作为背景的普遍价值、信仰和观念，是这些构成了日常生活的主体间领域。在这一意义上，生活世界通过参与者的象征性交往不断进行再生产，并且形成了超越参与者的历史性资源。哈贝马斯将两人的"生活世界"的概念进行了扩展，使其也包括如下内容：（1）先于现代性出现的由规范整合在一起的社会关系；（2）被系统"技术化"的那部分社会关系；（3）剩余的象征性领域，即"交往行为"产生的场所。因此，虽然在生活世界中滞留着前现代的残余，哈贝马斯想要强调的是系统对生活世界的合理化程度是如此之深，"交往行为"作为合理化的代偿，在现代性中执行三项关键的"职能"。"就相互理解的功能而言，交往行为的作用在于传递和更新文化知识；就协调行为而言，交往行为的作用是社会融合和团结的建立；最后，就社会化而言，交往行为的作用是个人身份的形塑。"（Habermas 1987a，p. 137）这与塔尔科特·帕森斯（Talcott Parsons）对"文化""社会"和"个性"的结构性划分是一致的。

> 我用文化这个术语来指涉知识的累积，交流时的参与者利用这些知识以获得解释，以便取得有关这世间某个事物的理解。我用社会这个术语来

---

① 因此，可以说经济系统包含三重独立的"技术理性"。一是为使效用最大化的个体所采取的策略性行动；二是以"自我生成"的方式调节经济的功能理性；三是将对自然"有目的性的"改造制度化/体制化的工具理性。

> 指涉合法的秩序，参与者通过这些秩序管控他们在社会群体中的成员资格，并借此确保团结。而个性，在我的理解中是让某个主体能够说话和行动的能力，是让他占据某个位置，参与到为达成理解并显示自身身份的过程中去的能力。（Habermas 1987a，p. 138）

接下来，哈贝马斯又将生活世界的各个层面分为两个部分，一是私人的部分；二是"公共领域"（Öffenlichkeit）的部分：

> 私人领域的体制性内核，是去除了生产性职能和专门性社会化任务的核心家庭；从经济的系统性视角而观，它是私人家庭的（外在）环境。公共领域的体制性内核是被文化复合体、出版印刷业和随后出现的大众传媒所放大的交流网络；它们让一众热爱艺术的个人能够参与到文化的再生产中，让一群国家公民能够参与到以公共观点为媒介的社会整合中。（Habermas 1987a，p. 138）

哈贝马斯认为，"公共领域"背负着人的规范性愿景，因为它使得参与者能够运用"交往理性"反思其文化中的底层假设。

交往理性的出现

"交往理性"的概念是哈贝马斯对他所身处其中的批判传统最重要的修正，只不过，它却难以承受它所背负的理论重担。其原因是，生活世界被"以工具性的态度对待功利主义的工作"这条原则所统治，而交往理性试图将与这一现象相对立的所有规范性内容都整合到一起。（Habermas 1984b，p. 241）所以，它包含了卢梭的"人民主权"论、康德的"实践理性"、黑格尔的"伦理总体性"、马克思的"劳动乌托邦"、米德的"象征性交往主义"、涂尔干的"有机团结"、卢卡奇的"主客体同一"、皮尔斯的"交流共同体"、帕森斯的"文化"以及从维特根斯坦出发、经由奥斯汀、再到阿佩尔等人的语言学理论。

在汲取了这一长串引人注目的规范性资源之后，哈贝马斯提出，韦伯错误地认为，一旦规范性的目的被系统合理化后，它们就会失去"客观的"效力。哈贝马斯认为正好相反，在以神学为基础的实质伦理消解之后，一种新的程序伦理会在合理化的催化之下诞生。（Habermas 1984b, pp. 209 - 215）因此，"以神圣性为基础的道德契约的约束力"转变为一种"以理性的方式表达神圣象征隐含之意的道德契约"。（Habermas 1987a, p. 81）换言之，随着道德契约的世俗化，"对它的笃信越来越少地仰仗神的令人着魔的力量和光晕，而是越来越多地依赖于以交往的方式被再生产出来的、被达成的共识"（Habermas 1987a, p. 89）。系统越是把社会整合变为一项"非规范性"指导机制的职能，并借此对前现代的生活世界"去语言化"，"对神圣之物的语言化"就越是使得"社会整合不再通过体制化的价值观直接地发生，而是借助主体之间对言语行为中提出的有效性要求的认同"（Habermas 1987a, p. 89）。

　　虽然哈贝马斯否认这一图式具有某种目的论的意味，但是他在追溯交往理性经由一系列"解决问题"的阶段不断发展的历程时，仍使用着一套进化论的语汇。（Habermas 1990, p. 125）"以对话伦理为依据的道德，其基础从一开始就是一种内在于语言中的相互理解的模式"（Habermas 1990, p. 163）。语言的这一内在要素在现代的"后习俗"道德阶段表现得尤为突出，参与者不再于既定的传统规范之中，而是在理性的对话中，寻求其信念的正当性。然而，这使得"道德不言自明的正当性成为了一个无法绕过的问题"，因为"目前的问题在于哪一种视角能让共识成为可能"（Habermas 1990, p. 162）。所幸，现代性的"自我确证"问题的内部就包含其解答，因为使规范的正当性成立的条件就在"确证有效性要求的对话程序"之中。（Habermas 1990, p. 163）因此，"相对主义"成了一个威胁，它为主体间的有效性要求带来困难。相对主义的问题可以通过内在于交往行为的原始结构中的"基础交互性"（fundamental reciprocity）规则来避免。（Habermas 1990, p. 163）"一旦一群信仰者被世俗化为协作的共同体，只有普遍的道德才能获得强制性。"（Habermas 1987a, p. 90）简言之，随着社会规范从宗教伦理转向以交往为基础的伦理，内在于最初神圣的社会团结中的普遍的、无条件的规范性整合则表现为"交往理性"的程序。

　　哈贝马斯的"交往理性"理论来源于埃米尔·涂尔干将神圣之物的约束力

应用到现代社会秩序问题中的尝试。和涂尔干一样，哈贝马斯试图保留前现代道德的普遍的、无条件的、近乎先验的属性，但同时清除其形而上学的基础。然而，和涂尔干的"集体意识"这个实质性概念不同，"交往理性"是纯粹程序性的，以对话中产生的共识为基础：

> 行动偏好背后价值观的合理性，不是由其物质内容所决定的，而是由其形式特性所决定的……只有那种能被抽象和总结为原则、在很大程度上作为形式原则被内化、并且在程序中被应用的价值观，才拥有强大的力量去指导行动。它们的力量之强大，能横跨众多特殊的情景；在极端的情况下，也能系统性地渗透到生活的所有领域中，让所有的文献甚或社会群体的全部历史都服从于一个统一的理念。(Habermas 1984b, pp. 171 - 172)

因此，"交往理性"是韦伯理性主义的产物，因为它绕过了实质性的"良好生活"概念，而选择了通过"理性的裁判"（康德之语）的论证而成功地具有普遍有效性的形式程序。(Habermas 1990, p. 178) 然而，康德的理论尝试是独白式的，是要在完全接受外界因果律支配的世界中打造"目的王国"；而哈贝马斯的"实践理性"是对话式的，他力求让现实的实践成为检验和论证现代理性的标准。因此，哈贝马斯保留了康德实现"普遍有效的世界观"的目标，当某物对单个人是良善的，它也就和所有人的利益相一致。但是，"交往理性"不再依赖于绝对律令，以确保每个人都按照所有人必须遵守的准则行事。(Habermas 1995, p. 117) 作为对绝对律令的替代，哈贝马斯提出"在自由且平等的参与者之间的包容性的、非胁迫性的理性话语"，它能够以米德所说的"理想角色承担"的方式创造出"我们—视角"，每个人都站在其他人的立场上看待问题。(Habermas 1995, p. 117)

与此同时，哈贝马斯也保留了康德对理性的三分法，将理性分为截然不同的三个"有效性领域"，每一个领域都有其独特的评价标准。关于"客观世界"的有效性要求，是以事实性（truth）和有效性（efficacy）作为评价标准；关于"主体间的"（或社会的）世界的有效性要求，是以伦理正确性（correctness）

和恰当性（rightness）作为评价标准；而关于"主观世界"的有效性要求，又是以真诚性（sincerity）和真实性（authenticity）为其评价标准（Habermas 1984b，p. 84）。这三个世界被一套共有的程序规则所统一，其目的是在对话中重新赋予要求以有效性。"这三个形式的世界概念在语言之外的其他行动模式中都只是单独或者结对出现，而说话者将三者整合为一个系统，并为这个系统预设了一个公共的解释框架，在这个框架之下，说话者可以与彼此达成理解。"（Habermas 1984b，p. 98）全部三个世界都在规范的管理之下，遵从交往理性的民主原则。在这三个"有效性领域"中，哈贝马斯最关注的是"社会世界"，其主要原因是，社会世界是我们对全部三个"世界"的目标在主体之间被重新界定的场所。

对话伦理与现代性

据哈贝马斯所说，"对话伦理"是一个自反式的论证空间，它从生活世界的伦理结构中脱离出来，允许参与者得出一个真正道德的观点。道德观点并不像伦理原则一样，受到空间和时间的束缚。它预设了一个"无限制的交往共同体"，在其中，更有说服力的论点将占据优势性地位。虽然"对话伦理"是超历史的，但是它的目的在于保留现代"自主性的概念，也就是说，只要人类遵守那些根据在主体间对话中所获得的洞见，而为自己制定行动的法则，他们就是作为自由主体而行动"（Habermas 1996，pp. 445 - 446）。在这一意义上，"对话伦理"在被经济的客观律令所主宰的社会中，为自我建构留存了一席之地。它指定了让规范性原则取得社会有效性而必须遵循的形式程序。"只有获得（或是能够获得）所有作为实践话语中的参与者而受到影响的人的许可，那些规范才可以被称为是有效的。"（Habermas 1990，p. 66）虽然"对话伦理"具体表现为伴随现代性而产生的规范性原则，但从一开始，对话伦理就根植于以达成理解为导向的语言之中。因此，哈贝马斯称：

在以达成理解为导向的日常言语的对称性情形和互惠性期待中，已经

存在平等对待和公众福利的基本概念，所有的道德都建立在这些概念的基础上，即便是在前现代社会中也是如此。正义与团结的理念已经隐含于交往行为的理想预设中，尤其是在有能力依照有效性要求采取行动的人们之间的相互认同中。(Habermas 1993，p. 50)

哈贝马斯所称的"理想言语情景"（ideal speech situation）就存在于语言本身的意义结构中。于是，意义和道德在"交往行为"中经由理解（Verständigung）和合意（Einverständnis）的对接，相互交织在一起。但是，"对话伦理"却是一个现代现象，因为它需要某些特定的社会条件发展到一定程度，才能在实践中将它的理念变为现实，这些条件包括"自由准入、平等参与的权利、参与者的真诚性、表态时不遭受胁迫，等等"(Habermas 1993，p. 56)。即如哈贝马斯所说，"对话伦理"需要现代的民主生活"对它做出迁就"。(Habermas 1990，p. 109) 然而，尽管现代性是实现"对话伦理"的必要条件，但对话伦理却超越了它被实现的历史语境。这是因为，"对话伦理"只有在挣脱了社会环境的束缚后，才能生产出普遍的道德准则，而使它成为可能的现代社会环境也概莫能外。

为了避免相对主义，哈贝马斯决心将"对话伦理"的程序建立在超历史的语言观之上。然而，正如我们在马克思的作品中所见到的那样，任何将现代性的规范性内涵建立在超历史的基础上的尝试，都违背了现代"伦理生活"的自我建构原则。因此，现代性和"对话伦理"之间的关系充满了张力。"对话伦理"要依靠现代性才能在历史中变为现实，而现代性是"对话伦理"实现的载体。现代性超越其历史语境的能力建立在"对话伦理"超越所有社会环境的超历史能力之上，而现代也包含在内。因此，哈贝马斯断言道："在现代社会中，道德规范……仅仅只建立在抽象社会认同基础上，而从此以后，唯一的限制只有是不是社会成员这一点，与特殊的社会无关。"（Habermas 1993，p. 47)

因此，只要"对话伦理"仰赖现代性为其提供成立的条件，它超越全部历史语境的能力就必须以只伴随现代性出现的特殊"伦理生活"形式作为它的前提。所以，哈贝马斯只能通过将现代性绝对化，才能避免相对主义的问题。现代性是最初就隐含于语言中的一个历史进程的终点。使"对话伦理"成为可能的体制环境将语言中的一项潜能现实化了，而这项潜能在前现代时期是与语言本身相疏离的。随着现代性的到来，内在于"交往行为"中的规范性原则获得了与其主体间性的本质相一致的体制化形式，而现代性则与"对话伦理"超越时间和空间的能力一道，获得了一种"无条件性"。在这一意义上，哈贝马斯的"对话伦理"理论得益于以现代作为其终点的历史哲学，尽管有观点认为并非如此。现代性的规范性内涵仍然受惠于一种发展的逻辑，它将社会行动者贬低为实现最初就存在于语言中的道德观点的手段。现代性的规范性内涵并非来源于主体之间的论证过程，而是一个超历史的目的的结果，这一目的将参与者作为手段（正如黑格尔的精神一般），以实现它自身超越世界的目的。

因此，哈贝马斯的语言观带有前现代社会关系的特征。这二者的共通之处在于，它们都倾向于将社会生活绝对化，把社会生活中随情况而变化的历史性原则与一套必然的、普遍的法则联系在一起。在前现代社会中，这一过程所采取的形式是宗教。宗教赋予道德以极大的重要性，使其符合超人类的神明或力量的目的。哈贝马斯赋予被确证的有效性要求以"无条件性"，旨在保留宗教不受情景限制的特征的同时，舍弃局限于具体语境中的"上帝"概念。"后形而上学思想与宗教的不同之处在于，前者在不求助于上帝或绝对之物的前提下，就能表达无条件性。"（Habermas 1993，p. 146）然而，无论我们是否将绝对之物人格化，一旦将它与神祇联系起来，哈贝马斯就"对话伦理"提出的观点都显然带有前现代的"形而上学"（哈贝马斯的说法）色彩。如此说来，"对话伦理"就好像是一个空间，事实、道德和真诚在其中向我们显示其本身。"对话伦理"仍与宗教有所关联，而这仅仅是因为，除此之外我们无从回答"我们为何要遵从道德"的问题。（Habermas 1993，p. 146）当道德被抬升到与"伦理生活"中的日常利益无关时，人也就不再有动力去完善自身的道德。哈贝马斯表示："在这个意义上，或许我们可以说，在上帝之外寻找无条件性是不会有结果的……"（Habermas 1993，p. 146）

然而，我并不认为哈贝马斯对绝对性的呼唤是要返回到前现代的遗产中，现代和前现代的社会关系具有共通之处，即二者都对影响社会认同结构缺乏民主控制权。哈贝马斯未能创造出一种符合现代性的规范性语境的道德感，他的失败正是现代性在实践中无法兑现自我建构的承诺的征兆。"对话伦理"所寻求的，是将自我建构的现代精神现实化和绝对化，而后者是对参与者的自主性的否定。这一点显示出了现代性内部的张力。这一张力在系统所扮演的角色中则体现为：（1）为主体间的伦理自主性提供成立的条件；（2）成为这一自主性的他律性秩序。因此，以"为实现相互理解而采取的行动"为基础的生活世界和以"为成功而采取的行动"为基础的系统产生了，二者不仅是"相互补充的现象"，同时也是"相互对抗的趋势"。

> 只有当我们对社会行动（Gesellschafthandeln）做出区分，将其分为以达成理解为目的的行动和以成功为目的的行动时，我们才能理解日常交往行为的合理化和目的理性的经济、行政行为子系统的形成，二者是相互补充的现象。事实上，二者都是理性复合体的制度化体现，但是从其他方面而言，二者也呈相互对抗的趋势。（Habermas 1984b，p. 341）

随着生活世界和系统的脱嵌，这两个领域各自代表着一套不同的理性标准。在一个领域中，参与者试图就道德行动达成共识；在另一个领域中，参与者试图在工具性行动中取得成功。这为潜在的矛盾做好了铺垫：

> 一方面，是日常交往的合理化，它与生活世界的主体间性结构紧密相连，语言在其中充当达成理解的真诚且无可替代的媒介；另一方面，目的理性的子系统变得愈发复杂，在其中，行动的协调是通过货币和权力等指导性媒介而进行。（Habermas 1984b，p. 342）

结果，现代性受到了两面夹击的威胁：一方面是（非连续性地）从马克思主义到"宗教原教旨主义"的"返祖式"（atavistic）社会运动，其目的是将系统并入生活世界①；另一方面是"实证主义的"势力，其目的是将生活世界以"工具理性"之名并入系统。二者都会导致"病态的"后果，而哈贝马斯之所以作为一个批判理论家而闻名，是因为他试图保护生活世界不受系统的侵袭，也就是当"交往行为"不再受益于系统对其的合理化，而是因系统的侵袭而遭受损害的情况。"生活世界的合理化，为子系统的出现和发展创造了条件，但子系统的独立律令却反过来对生活世界造成了破坏。"（Habermas 1987a，p. 186）哈贝马斯用一个殖民主义的隐喻来表达这一点，"自主的子系统的命令从外部进入到生活世界中，就好像殖民者进入到部落社会中，并且强迫它归化一般"（Habermas 1987a，p. 355）。

　　然而，这个类比却是不恰当的，因为只有当生活世界已经被系统合理化后，它才值得被保护。哈贝马斯认为，系统对生活世界的合理化是进步的，因为它将以神学为基础的实质伦理转变为世俗的程序伦理。但是，当系统试图为"实践理性"披上"工具性"的外衣时，它就变成了一种倒退。诸如"物化""失范""无意义""自由失丧""享乐主义"和"交往行为"中的"扭曲"等现代"弊病"，是在系统"对生活世界的技术化"之后才产生的，并不是它的结果。（Habermas 1987a，pp. 148 and 325）因此，批判理论的任务并不仅仅是将生活世界从系统中解放出来，而是保护生活世界的合理化部分不被完全纳入系统之下。② 换言之，批判理论的任务不是"取代拥有资本主义生命的经济系统和拥有科层化生命的支配系统，而是建起一座民主的大坝，抵挡对生活世界的殖民"（Habermas 1992b，p. 444）。然而，这引出了一个问题，即到何种地步时，进步的、对生活世界的"媒介化"才会转变为倒退的、对生活世界的"殖民"：

---

① 生活世界对系统的归并可以采取多种形式，例如乌托邦马克思主义以实践哲学为基础的、以伦理为导向的自我调节；新保守主义以审美为导向的表现主义（expressivism），哈贝马斯将其与亚里士多德式社群主义和海德格尔的后现代主义联系了起来；或是自由资产阶级以诠释学为基础的、由罗蒂（Richard Rorty）所倡导的符号互动。

② 伯格为哈贝马斯作注时写道："物化的场所不是工厂，物化的来源也不是某种特定的异化劳动的组织形式"，而是"'生活世界'与'系统'之间的边界，它存在于与日常实践相异的形式对生活世界之结构的扭曲之中"。

如果科层化在人们眼中，首先是现代化进程中一个正常的构成因素，这便会引发一个问题：如何才能将其与其他病态的形式，亦即韦伯所称的自由的丧失分辨开来？至少从分析的角度而言，为了界定对生活世界的媒介化转变为对其殖民的临界点……（Habermas 1987a，p. 318）

约翰·西顿（John Sitton）认为，哈贝马斯批判理论的可行性取决于它是否有能力回答这个问题。然而，哈贝马斯却并没有对这个问题给出明确的回应。鉴于哈贝马斯旨在调和行动者管控自己社会关系的能力和系统自我调节的能力之间的关系，他的现代性二元论对此必定做出模棱两可的回答，这几乎无可避免。虽然哈贝马斯想要强调（生活世界中的）行动者通过民主的方式决定自己的社会关系的能力，但同时他也想要防止这种社会关系损害被系统体制化了的技术利益，包括"对话伦理"为超越生活世界的界限而采用的技术。结果，"交往理性"在两种对立的合理性之间左右为难，其中一个根植于生活世界中参与者的判断，而另一个以系统的客观命令为基础。这两种彼此对立的合理性让"对话伦理"自我宣称的普遍性显得漏洞百出。

对话伦理的"普遍"情形

在《现代性的哲学话语》中，哈贝马斯提到了他在"绝对主义和相对主义的进退两难之间……"行进的担忧。（Habermas 1987b，p. 300）然而，正如我们所见，哈贝马斯就像奥德赛一样，更关心如何躲避相对主义的"漩涡"，而较少担忧绝对主义的"怪物"。[①]（Homer 1992，pp. 126 - 131）于是，哈贝马斯决定采用阿尔布莱希特·维尔默（Albrecht Wellmer）所称的一套"无条件的有效性要求……超越了特殊的语言和特殊的生命形式"（Wellmer 1991，p. 164）。有效性要求总是在"此时此地"（here and now）被提出的，它们具有一种

---

① 在德国与在英国一样，"Scylla and Charybdis"（斯库拉和卡律布狄斯）逐渐发展出的意义为"两个同样糟糕的选项"。但是，在原本的故事中，喀耳刻向奥德赛提议靠近前者以避开后者。鉴于此，哈贝马斯将绝对主义比作斯库拉、相对主义比作卡律布狄斯是十分恰当的。

"'抹除'空间和时间"的能力。① (Habermas 1987b, p. 323) 因此，它们能将历史中有效的"伦理"评价转变为普遍有效的"道德"评价。但究竟是什么构成了"伦理生活"普遍性的基础？

如我们所见，"对话伦理"超越于生活世界之外的能力源于从一开始就以达成理解为其目的的语言。然而，在生活世界被系统合理化之后，它取得了一种"后习俗"的形式，不再受实际历史语境的限制。因此，"资产阶级形式化组织的行动领域（经济和国家机器）构成了后传统生活世界的基础，其中包括人（homme），即私人领域，和公民（citoyen），即公共领域"（Habermas 1987b, p. 328）。这意味着，"对话伦理"超越社会语境，即超越有效性要求被设定的场所的能力，依赖于系统超越生活世界，即超越参与者兑现有效性要求的场所的能力。因此，在系统赋予"对话伦理"超越语境的能力和系统以"非规范的方式"管理部分生活世界的能力之间，存在一种共生关系。哈贝马斯尝试让"对话伦理"超越语境的限制，却遇到了问题，而这些问题的根源是系统"殖民"生活世界的能力。因此，"对话伦理"的客观原则和调节系统的"非规范"结构都违背了前者需捍卫的民主原则，这并非巧合。这一点表现为实际论证过程中的主体间性和对话伦理超越所有主体间语境的能力之间的矛盾。至少，这向我们显示出，论证过程的内容和以下原则之间存在地位上的差别，即兑现的有效性要求具有超语境的形式和原则。

为了确保所有符合对话程序标准的要求都具有一种"超越语境的有效性"，哈贝马斯提出，"每一场论证，无论它在何种情景下发生，都基于语用学的预设，从其命题中推导出普遍性原则（U）"（Habermas 1990, p. 82）。为了支撑这一说法，哈贝马斯采用了阿佩尔的论点：即便当我们尝试对这些预设加以反驳的时候，我们仍在运用它们。因此，在话语性原则中存在着某些"无可避免"的成分，说话者在否定它时就会遭遇"述行矛盾"（performative contradiction）的问题。这一点意义重大，因为"述行矛盾的存在能够帮助我们找出论证所必需的规则；如果有人想要进行论辩，他就别无选择"（Habermas 1990, p. 95）。

---

① "tilgt" 这个词在这里被译作"抹除"（blots out），它也可以被译为"清除"（obliterates）。

但是，哈贝马斯清楚地知道，这样的表述中存在漏洞，尤其是在阿佩尔对它的使用并不审慎的情况下。因此，哈贝马斯提出，话语规则要求行动者遵循的"必须"只不过是某种"弱先验必要性"（weak transcendental necessitation），而不是"行动原则所规定的必须"（Habermas 1993，p. 81）。话语规则的效力过弱，无法强制行动发生，但它的效力却足够让兑现的有效性要求脱离其历史语境。① 面对这样的指控——"对话伦理"自身包含着"述行矛盾"，哈贝马斯显得毫无抵抗之力，因为兑现的有效性要求及其"普遍化"程序本身，并没有在参与者的对话中得以履行。正是源于此，哈贝马斯对超越语境原则的推断性发现饱受争议，这个事实本身就内含矛盾，因为有效性要求的普遍性应该是参与者一致意见的反映。但是在这里，并不存在所谓的一致意见，因为哈贝马斯所说的超验的"必须"是以一种独断的方式强加在了参与者身上，这显然是对他们意愿的违背。

为了规避这样的"述行矛盾"，本哈比提出，作为"对话伦理"原则之基础的"必然性"必须建立在现代"伦理生活"的基础上。本哈比认为："即便是所谓的人类话语中'普遍的'语用学预设，其内部都有文化-历史的内容"，它来源于启蒙运动以人类平等之名超越所有经验性差别的尝试。（Benhabib 1986，p. 306）因此，我们面对着两个相互对立的"普遍性"概念，其一源于"对话伦理"超越现代性"伦理生活"的能力，另一源于对现代性的"伦理生活"进行概括归纳的欲望。前者是一种本体论预设，可以通过认识论的有效性要求揭示出来；而后者符合一种特定的历史生活形式，构成伦理意义上的有效性原则。如此一来，被兑现的有效性要求不只在其情形，而且在其类型的适宜性/适应性上都存在争论。哈贝马斯明确地表现出他对实证主义的拥护，在他对社会价值观的分析中更关注于认知的有效性要求，而相对忽略了规范的有效性原则；伯恩斯坦却认同规范性的普遍性概念，提出"普遍性原则的效力并非源自它绝对的普遍性，及其对无限制的交往共同体的吸引力，而在于它承认现存的普遍性

---

① 哈贝马斯有时会将他的普遍认同伦理视为一个先验的普遍事实："认知论的伦理理论认为，实践理性的运作是纯粹知识性的。"

源自对所有现实性要求的打压这一事实。新的普遍性原则揭示出了旧的普遍性原则对隐含性原则的否认，进而揭示出普遍性原则是一种非本质性的具体化原则"（Bernstein 1995，p. 194）。

因此，伯恩斯坦并没有将超越所有"伦理生活"形式的能力作为"对话伦理"的普遍性的依据，他认为，其普遍性来源于一种致力于摒弃经验性差异，确保平等参与的"伦理生活"。扩大普遍性的范围并不是要求"绝对的普遍性"，即超越所有局限于特定历史时期的社会语境，它所要求的是"伦理普遍性"，也就是对所有将特殊伪装成普遍的行为的超越。换言之，我们无需假设有一种以语言的形式预先存在的人类团结（它胜过了特殊的伦理），人类团结是以现代性的规范性内涵为依据的社会建构（其目的是将特殊的伦理统一起来）。大卫·库岑斯·霍伊（David Couzens Hoy）在与托马斯·麦卡锡（Thomas McCarthy）的论辩中提出了相似的观点，他表明："如果团结一开始是地方性的，在我们与他人面向未来的遭遇中，我们会拓宽对团结的阐释并延展这个概念。但是，我们没有理由在这个过程的终点去假设一种单一的、普遍的团结。"（Hoy and Mc-Carthy 1994，p. 262）

伯恩斯坦对建立在现代性基础上规范化的普遍性原则和建立在语言基础上无条件的普遍性原则之间做出了区分，他使前者与后者成立的历史性条件——即系统超越生活世界的能力——彼此对立。伯恩斯坦认为，"交往理性"的批判力在于它呼唤着"一个激进的参与式民主政体"，"它反对经济的合理化对民主理想所造成的压制和取消……"（Bernstein 1995，p. 194）。在这种情况下，无论系统曾为实现普遍参与做出了怎样的贡献，它现在却成为了普遍参与的最大障碍。问题并不在于超越局限于特定历史时期的"伦理生活"，而在于超越客观现实的经济系统，正是它阻碍了参与者行使自己在主体间建构自我的权利。

具体化与判断

在伯恩斯坦对哈贝马斯细致深入的思考中，他曾问道，哈贝马斯的理论是否"驳斥了它原本意在发扬的现代性"？（Bernstein 1995，p. 124）哈贝马斯自称

"后形而上学"的思想家,我想就此展开这一问题的深入探讨。哈贝马斯所说的"后形而上学"指的是摒弃先验的理性概念,而拥抱以"相互理解"为基础的主体间的理性概念。(Habermas 1992a, p. 43)哈贝马斯认为,他的理论之所以具有优越性,是因为它能够将语言中的两个关键因素结合在一起,使它们"同为本原"(equi-primordial)。当语言"作为某种先在的、客观的事物,作为生成可能性条件的结构"将自身同说话的主体分隔开来,而在语言中形成的共识却又"依赖于交往中的参与者对可供批评的有效性原则所自主采取的'同意'和'不同意'的立场"(Habermas 1992a, p. 43)。

然而,虽然"交往行为"使得参与者能够在主体间批判的过程中确定他们的可能性条件。但是,让"交往行为"成立的条件却并不在此范围内。因此,哈贝马斯的理论仍带有一定的先验性色彩,因为以达成理解为导向的语言具有无条件性的特征。尽管语言表达的是主体与主体之间的关系,但是它却大于行动者的部分所构成的主体间的总和。"原初准则"(primordial rules)是对"主体与主体"之间关系的补充,它不仅确保所达成的共识超越其达成的时间与空间,而且假定在语言内部存在一种在时间和空间上的先验性共识,后者使前者变得合理。在这一意义上,共识并不纯粹是由参与者在主体之间达成的,而是最初就属于语言的客观特征。

让共识成为可能的先验准则是一种"未受损害的主体间性",借助它我们能够(客观地)衡量系统对生活世界造成的损害。哈贝马斯在对话中"发现"的"理性事实"是他对现代性的"病症"做出诊断的基础。像一个医者一般,哈贝马斯运用了一个"健康社会"的概念,即一个无法被还原为参与者对个人健康与否的感知。"如果我们不愿全然抛弃用以判断某种生活是否或多或少地误导、扭曲、不幸或异化的标准,如果真的有必要,疾病和健康的模式就会呈现自身。"(Habermas 1972, p. 262)然而,要让批判理论与参与者自身对正义的感知不脱节,那么"医者"与"病患"之间就不能有太大的隔阂。但与此同时,二者也应保持一定的距离,否则批判理论就不能宣称,行动者正在遭受他们毫无察觉的"病症"所困。为了能从认识论的角度,一定程度地洞察现代性的缺陷,哈贝马斯拒绝使对话伦理的规范内容屈服于现代性。

但是，只要将"对话伦理"的程序规则作为衡量现代性"健康程度"的客观标尺，哈贝马斯就会与他力图发扬的规范性内涵背道而驰。因为"对话伦理"的目的是对自我建构精神的救赎，但由于哈贝马斯拒绝将生活于现代性之中的人们的判断作为他现代性批判的依据，而违背了现代性自我建构的精神。这样一来，哈贝马斯就与马克思一样，都将所论述的自我建构规范以剥夺参与者自我建构的能力为代价。就哈贝马斯而言，"对话伦理"是规范性的具体化，是一个"理性事实"，而不是参与者自身判断的表达。作为其结果，批判理论无法调和其客观形式与主体间内容之间的矛盾，其外在构造与内部行动者之间的矛盾，以及其先验的条件和经验的可能性之间的矛盾。在这一意义上，哈贝马斯仍然是一位"形而上学的"思想家，他所号召的对象是一个预先存在的共识共同体，即作为日常辩论的世界之基础的一个虚拟共同体（Gemeinschaft），他的目的不仅仅是确保意见达成一致，而且是必然正当性基础上的意见一致，因为在哈贝马斯的理论中只存在一种正确的理论。这即意味着，只有当共识本身是争论的前提时，在争论中达成共识才是可能的。由此可见，"后习俗道德"的概念并不是在传统合法性形式基础上的进步，而是前现代将绝对之物作为日常之物的依据这一渴望的延续。

这是否意味着，哈贝马斯试图为"对话伦理"赋予一种无条件性，而这一行为的动机是前现代的？答案是肯定的，因为哈贝马斯想要保留曾与宗教紧密相关的超越语境的有效性要求。然而，从现代的角度而言，它看上去更像是要为属于某种特定社会关系的、被语境所决定的规范赋予一种参与者无从挑战的合法性。在这里，"先验语用学"的前现代起源并不是重点，真正相关的是前现代社会关系与现代社会关系中的共性，也就是二者对参与者意愿的漠不关心。封建社会无从追责的结构和经济系统"超出"生活世界之外的能力是一致的。因此，伯恩斯坦认为，"系统的视角自此成为了主宰，首先，将人际活动对象化、物化的，是资本而不是理论家。资本逻辑的运作不为资本的行动者所知，因此，对资本逻辑的理解必然要求援于思想家-观察者的视角"（Bernstein 1995, p. 138），这绝非偶然。然而，哈贝马斯并没有以"实践理性"之名拷问现状，而是在"实践理性"和"工具理性"之间左右摇摆。至于倾向哪一方，则取决于他究竟是想要为生活世界还是系统世界提供合法性辩护。但是，哈贝马斯却无法解释，他为何规避让提议在主体之间具有有效性的论证程序。相反，他支持系统的观点粗暴地"超出""对话伦理"之外，正如"殖民"生活世界的自我生成的律令一般。在这一意义，"对话伦理"成为永恒的渴望产生出了一种张力，它是系统将参与者排除在现代性的规范性内涵之外的表征。

第六章　劳动与道德

就重新发掘出隐现于马克思自我对象化的主体性概念之中的规范性内涵而言，哈贝马斯迈出了重要的一步。可惜，当自我建构理论的中心从主体性转向主体间性时，劳动却消失了踪影。这在哈贝马斯的现代性理论中制造出一种张力，即"对话伦理"的民主原则和驾驭经济的"非规范性"结构之间的张力。在本章中，我想要就哈贝马斯对劳动的工具性分析来探讨这种张力，首先要关注的是哈贝马斯"对马克思主义的救赎式批判"。①

一种马克思式的救赎性批判?

在《知识和人类旨趣》中，哈贝马斯提出，马克思的著作中包含两种彼此对立的"自我建构论"，其一是工具性的，在有目的性的改造自然中发生，表现为生产力；另一是社会性的，在生产关系中发生，表现为阶级斗争。哈贝马斯表明："人类的自我建构不仅发生在人对自然的工具性行动中，也发生在约束人与人交往的权力关系中。"（Habermas 1972，p. 51）一方面，"人类（作为一个物种）"依靠"技术上可供利用的知识"的发展，将自身从"外在的自然力量"的支配下解放出来；另一方面，人类也通过"相互斗争的阶级革命"，将自身从

---

① 在《哈贝马斯与公共领域》（1992b）一书结语部分的访谈中，哈贝马斯称自己不仅是马克思主义社会理论的坚定捍卫者，而且（更是令人难以置信地）是"最后一个马克思主义者"。

"内在自然的冲动"中解放出来。(Habermas 1972, p. 53) 哈贝马斯继续说，只可惜，马克思倾向于用前者涵盖后者，而这侵蚀了劳动的规范性内涵。

这意味着，我们有可能在马克思对劳动的工具性论述中，再次发掘出自我建构的规范性内涵。然而，哈贝马斯却并没有将一个无从追责的经济系统对劳动的统摄作为他论述的基础，而是提出，劳动本质上是一项工具性的活动，这是系统缺乏规范性内涵的原因。因此，哈贝马斯越是远离马克思的阶级斗争论，就越使得劳动成为"生产范式"的一部分，而生产范式本身又无法进行规范性重建。最终，他得出结论：马克思的生产范式"把真实性和效率性之外的一切统统排除在理性的有效性范围之外。由此可见，我们在内在世界实践中所习得的东西，只能随着生产力的发展而逐步累积。这是一种生产主义的概念策略，它使我们再也无法获得现代性的规范内涵"（Habermas 1987b, p. 320）。因此，哈贝马斯拒斥任何重新确立以劳动为规范性内涵的尝试，他的理由是"生产和产品的有效使用只对人与自然之间的代谢交换过程具有形塑结构的作用"（Habermas 1987b, pp. 80 - 81）。结果，哈贝马斯放任了系统对劳动的吸纳，因为"解放性的视角"不再"从生产范式中产生，而是从以相互理解为导向的行动范式中产生"（Habermas 1987b, p. 82）。

虽然哈贝马斯有时认为，马克思"通过批判资产阶级理想的规范内涵而揭露了他对现代性的人文主义的自我理解"（Habermas 1987b, p. 282），但在大多数情况下，他将马克思的"革命实践"视为一种返古的尝试，"把独立的经济过程再一次拉回到生活世界的范围内，把自由领域从必然领域的命令中解放出来"（Habermas 1987a, p. 352）。[1] 为此，马克思将前资本主义的、以手艺工作的审美-表达性质为基础的"具体劳动"与资本化的、不以"活动的具体种类或劳作的个体以及其社会境况"为转移的"抽象劳动"对立起来。[2] 哈贝马斯批评马克思不承认资本主义对劳动的"抽象"相比"具体"劳动而言是一种进步。

———————————

[1] 哈贝马斯认为马克思幻想出了一个未来社会，其中"资本的客观表象已经消解，先前受到价值规律支配的生活世界恢复了它的自发性……"
[2] 在这一意义上，哈贝马斯混淆了马克思在《政治经济学批判大纲》中生产主义的"抽象劳动"与《资本论》中取代了前者的、以交换为基础的"抽象劳动"。

（Habermas 1987b，p. 341）"马克思是如此固执地认为资本主义社会是一个整体，所以他未能意识到被媒介所引导的子系统具有内在的进步价值"（Habermas 1987b，p. 352）。虽然哈贝马斯承认，"劳动从具体转为抽象的过程，是公共和个体生活被物化的过程"（Habermas 1987b，p. 336），但他同时指出，在保留现代性对理性的增益的前提下，并不能消除这种物化（Habermas 1987b，p. 339）。因此，从"具体劳动"到"抽象劳动"的转变是"相比于传统社会一种更高层面上的、有利于进步的整合……"（Habermas 1987b，p. 339）。哈贝马斯抛弃了马克思对现代性的劳动理论批判，而采取了交往理论批判，因为只有后者才能"在传统生活形式的毁灭和后传统生活世界的物化之间做出区分"（Habermas 1987b，p. 340）。

显然，哈贝马斯对马克思的阐释很大程度上有赖于他对现代性的分析。从哈贝马斯偏好将马克思的范畴转译为他自己的范畴这一点可见一斑。但可惜的是，转译造成了意义的丧失，至少就马克思在社会主义中保留资本主义"技术"增益的意图而言确实如此。在《共产党宣言》中，马克思和恩格斯不仅赞扬了资本主义促进生产力增长的能力，而且赞扬了资本主义使劳动集体化的能力。他们二人在做出如下宣称时毫无怀旧之情："凡是资产阶级已经取得统治的地方，它就把所有封建的、宗法的和纯朴的关系统统破坏了。它无情地斩断了那些使人依附于'天然地尊长'的形形色色的封建羁绊……"（Marx 1952，p. 44）相反，马克思和恩格斯称赞资本主义使工人摆脱了他们的返古行为，"用强力恢复已经失去的中世纪工人的地位"（Marx 1952，p. 54），而促使工人为未来斗争，力图超越资本主义的社会关系。因此，马克思并不像哈贝马斯所说的，"用充满怀旧之情的、往往被浪漫化的前现代生活形式"与物化做对比（Habermas 1987a，p. 342），马克思拿来与物化做对照的是未来社会主义的社会关系。

哈贝马斯同时也误解了马克思区分具体劳动和抽象劳动的行为本质。虽然哈贝马斯正确地提出了抽象劳动是现代资本主义的劳动形式，但是他没有意识到，抽象劳动是人类在资本主义条件下建构自我的活动。自我客体化的主体性的载体，并不是抽象的、创造价值的劳动，而是具体的、创造使用价值的劳动。因此，马克思并没有将传统的、表达性的劳动和现代的、工具性的劳动对立起来，他是将劳动塑造社会关系的能力和资本主义社会关系中的异化形式对立了起来。存在于马克思劳动理论中的张力，并不在具体劳动和抽象劳动之间，而是在抽象劳动创造价值的能力和工人运动的解放性成果之间。也就是说，这种张力存在于哈贝马斯最初在《知识和人类旨趣》（1972）中指出的两种形式的自我建构活动之间。

马克思将工人运动的斗争从属于目的性劳动自我对象化的斗争之下。哈贝马斯并没有质疑这一行为，而是提出，系统的客观性是工具性劳动的自然结果。如果要将劳动"再道德化，则必须取消现代性的技术增益"。然而，哈贝马斯任由系统自我生成的律令来支配工人，这妨碍了他对"交往理性"理论的全面性建构。哈贝马斯将劳动排除在了现代性的规范性内涵之外，因此，他无法兑现参与平等（participative parity）的承诺。虽然哈贝马斯希望以全面性的"交往理性"学说来反驳后现代（主义）异见者的"非理性主义"，但要做到这一点，他就不得不牺牲伦理自主性的原则。而恰恰是这一原则让他的现代性理论具有了对后现代非理性主义的优越性。

对于交往理性的全面性阐释

在《现代性的哲学话语》中，哈贝马斯对几位在他看来过早地放弃了"启蒙辩证法"的学者提出了质疑（Habermas 1987b, p. 86）。他具体批评了巴塔耶、德里达、福柯和海德格尔，批评他们采取了尼采的理性的排斥模式，而不是黑格尔的理性的分裂模式：

> 如果说理性的分裂模式揭示出社会团结实践是一种具有历史定位的理性的活动场所，让外在自然、内在自然和社会都集中到了这里，那么，理性的排斥模式所显示出来的这种乌托邦空间则充斥着一种被还原为纯粹权力的不可调和的理性。（Habermas 1987b, p. 306）

哈贝马斯认为，理性的排斥模式具有一种以"非理性的他者"来平衡理性的工具性的倾向，因此，他通过理性的分裂模式，将现代性的失范归因于异化的"伦理总体性"（Sittlichkeit）的能力。哈贝马斯表示，最重要的是，分裂模式生产出了"一种范围更广、更全面的理性"（Habermas 1987b, p. 306），它能够扬弃工具理性和表达理性之间的"分裂"（Entzwieungen）。① 因此，哈贝马斯批判尼采的酒神崇拜、海德格尔的建构世界的"存在"、巴塔耶的"异质性"、德里达的"延异"和福柯的"身体和身体愉悦"。

哈贝马斯同时也背离了他早期的表述，拒斥康德式的对理性边界的界定，而倾向于"超越设限的理性视野"（Habermas 1987b, p. 302）。他将改造自黑格尔的"伦理总体性"的"社会团结实践"，作为"外在自然、内在自然和社会"的有效性领域（Habermas 1987b, p. 302），又将其重新表述为"交往理性"，因为"相互理解的行为承担了协调行动的功能"（Habermas 1987b, p. 316）。因此，尽管"交往理性"保留了"它纯粹的程序性……去除了所有宗教和形而上学的重负"，但它仍被认为能在被工具理性侵蚀的生活世界中重建"伦理生活"有效形式。

然而，由于哈贝马斯不愿赋予劳动以规范性，他所寻求的全面交往行为理论，当涉及交往行为在"普遍的生活世界"（lifeworlds in general）中所发挥的作用时，便转向了功能主义。哈贝马斯也采用了一种系统理论的视角，"交往的参与者……不再表现为依靠负责任的行动掌控情景的发起者，而是表现为他们所身处其中的系统的产物……"②（Habermas 1987b, p. 316）哈贝马斯没有将系统之中劳动着的"主体"纳入进来，并以此使理性更加全面化，反而把系统本身看作一个"主体"。因此，哈贝马斯并没有超越以主体为中心的思维，而是仅仅将主体的特征附加在作为整体的系统之上。本哈比认为，这意味着：

> 在哈贝马斯的理论中，当对某个无名主体的类能力的重构——比如人

① 这个词更常见的译法为"diremption"（分裂），然而本哈比将其译为"bifurcation"（二分）。
② 在《交往行为理论》第二卷中，哈贝马斯也同样提出："这些现象反映出手段和概念视角的变化，也就是将生活世界客观化为一个系统……生存的律令要求生活世界进行功能性整合，它凭借生活世界的符号结构发挥作用，并且无法从参与者的角度直接地把握。"

性——不仅是在经验性研究中能够结出丰硕成果的理论假设，而且在历史主体的形成过程中扮演了哲学叙事的角色时，哈贝马斯就回到了主体哲学的话语中。(Benhabib 1986，p. 331)

在这个过程中，现代性的规范性内容被吸纳到了物种的自我保存之中，这对作为哈贝马斯批判理论基础的自我建构伦理造成了不利影响。哈贝马斯没有利用"道德和政治活动的经验，以便一个真实的'我们'能从中产生……"，他将交往理性的全面性建立在与一个物种整体相符合的超社会的"集体独异性"之上。(Benhabib 1986，pp. 330 - 331) 结果，哈贝马斯不仅没有能够反驳尼采的观点，即"具身的言行主体在自己的家中却不是主人……" (Habermas 1987b，p. 310)，他同时也使得人类"依赖于一个先在的、无名的、超主体的事件"，也就是系统化的客观律令。(Habermas 1987b，p. 310)

然而，这并不是哈贝马斯在寻求一个全面的"交往理性"理论时所经历的唯一一次倒退。在《现代性的哲学话语》一个极为出色的段落中，哈贝马斯将黑格尔的"命运不可捉摸的因果性"改写为"耶和华和以色列人的结盟" (Habermas 1987b，p. 316)，以支撑克劳斯·海因里希（Klaus Heinrich）的观点：

> 履行与上帝的盟约是忠诚的标志；不履行盟约则是背叛。对上帝虔诚，就等于忠实于创造生命的存在自身①——在自身与他者身上，在一切存在领域当中。否认任何一个存在领域，也就意味着不履行与上帝的盟约、背叛自身的基础。……因此，对他者的背叛，同时就是对自己的背叛；而对背叛的每一次抵抗，不仅是以自己名义的抵抗，同时也是以他者名义的抵抗。(Habermas 1987b，p. 316)

尽管哈贝马斯曾说，"交往理性"的全面性必须通过清除"宗教和形而上学的重负"才能实现 (Habermas 1987b，p. 316)，但他此刻却提出，"交往理性理

---

① 哈贝马斯对自我建构的主体间性的运用是祛魅的，而这一说法不仅与这一点相悖，并且与他对生命哲学 (Lebensphilosophie) 的批判相悖。

论……被一种直觉所引导，这种直觉可以用《旧约》的概念来表达……"
（Habermas 1987b, p. 325）。这一"直觉"预设存在一个"盟友"（Bundes-genosse）之间的"盟约"（Bundes），对他人所犯下的罪行同时也就是对自己、对属于所有人的"普遍同盟"（Bundesgenossenschaft）所犯下的罪行。在这一意义上，哈贝马斯认为，"在动荡不定的现实生活境况中，形成了一种由背叛和复仇之间的辩证关系所导致的矛盾心理"（Habermas 1987b, p. 325）。

　　然而，当哈贝马斯将黑格尔的"命运的因果性"和《旧约》中的罪行与惩罚联系在一起时，他用前现代基于"宇宙道德"（cosmic morality）的超主体的"伦理总体性"替换了主体间的"伦理总体性"。在哈贝马斯眼中，"罪行"不是对来源于主体间道德义务的有效性原则的违背，而是对预先设定的道德秩序的违背，这一道德秩序的强制性结构超越了它所管控的对象。但是，在哈贝马斯民主意味更为浓厚的论述里，他提出：如果规范性团结的强度、深度或广度比不上我们创造出来的、用以管理自身的准则，那么任何超出了规范性团结的内容都是对现代自我建构精神所犯下的"罪行"。所以，哈贝马斯受神学所启发的命运因果观"背叛"了现代性的规范性内容，而倒向了它最初旨在规避的"非理性"。

　　当哈贝马斯意识到他或许已经偏离了为"交往行为"的原则提供合法性的初心时，他又把注意力转回到了"交往行为"的承载者——人类。[①] 尽管他仍然坚持将命运的"先验必然性"和"日常交往实践"的经验性现实对立起来（Habermas 1987b, pp. 325 - 326），但他此时提出，道德的"普遍结构"只能"通过以相互理解为目的的行为这一媒介"才能显示出来。但是，只要"交往理性"是道德主体在生活世界中显示自身的媒介，而不是参与者借以订立调节自身社会行为的伦理准则的媒介，哈贝马斯返回到一种更具体的生活中的尝试就是不尽如人意的。

　　在这些片段中，哈贝马斯揭示出他在调和全面性的交往理性和自我建构的

---

① 有必要提醒读者，哈贝马斯之所以采取这一行动，是为了扬弃以主体为中心的社会关系研究所造成的先验主体性与经验主体性的"二重性"（doublings）。

伦理时所遭遇的困难。正如黑格尔在将经济"再内化"时，抛弃了现代个体的自主性而选择精神的他律性一般，哈贝马斯也同样让"功能理性"来支配"实践理性"。为了做出补救，哈贝马斯返回到受康德启发而来的"排斥模式"中，在这个模式里，劳动的技术实践领域和交往的道德实践领域相互割裂。① （Kant 1987b, p. 10）这一模式导致了系统和生活世界的脱嵌，重申了工具性劳动和伦理性交往之间的对立。虽然哈贝马斯声称，系统和生活世界是彼此重叠、相互依赖的 （Habermas 1991, p. 257），但是他论述中的二者的脱嵌却无法为他清洗"二元论"的罪名。正好相反，当哈贝马斯摒弃了韦伯的"工具理性"而选择卢曼的"功能理性"时，这两个领域的对立似乎变得更加不可调和。（Habermas 1991, p. 353）从经验性的角度可以说，哈贝马斯的"排斥模式"未能正确地显示出劳动在现代性的规范性内涵中的地位。

系统和生活世界的相互依存

斯蒂芬·布隆纳 （Stephen Bronner）认为，哈贝马斯区分系统和生活世界的基础是"物质"再生产和"符号"再生产之间"准本体论"的差别。（Bronner 1994, p. 304）哈贝马斯假设，在系统对"物质"资源的商品化和生活世界对"符号"资源的保护之间能够划出一条界线。然而，在实践中，这样的区分是不可能的，因为生活世界是二者相互作用的结果。即便去除哈贝马斯对经济的"唯物主义"论述中的本体论基础，他的理论在蓬勃发展的服务业的映衬下，仍显得有些过时。因此，我们无需成为后工业社会的支持者也可以说，哈贝马斯在处理劳动问题时所依赖的粗陋的唯物主义已经失去了它一度表现出的说服力。与其说哈贝马斯对系统和生活世界的二分是对两种对立的社会存在的分析性研究，还不如说它是对两种对立的社会实践的描述性研究。然而，由于哈贝马斯为二者赋予了在分析层面截然不同的特性，他忽视了二者间相互交接时的

---

① 然而，我们并不同意伊娃·诺特的观点，即系统与生活世界的区分"根源在于传统的理性与非理性的区分"。

复杂性。

霍耐特以如下方式对此做出了总结："如果资本主义社会被视为……系统和生活世界在其中作为自律的行动领域而彼此对立的社会秩序，便会产生两种彼此互补的虚构之物：（1）不受规范限制的行动组织的存在；（2）不受权力限制的交往领域的存在。"（Honneth 1991，p. 298）而霍耐特认为，并不存在纯粹的"规范性"领域，也不存在纯粹的"不受规范限制"的行动。正好相反，"组织所进行的行动，例如管理和行政，不仅依赖于社会理解的实践……而且受到形成规范性共识的过程的限制……"（Honneth 1991，p. 299）。因此，科恩（J. Cohen）和埃拉托（A. Arato）提出，哈贝马斯的"脱嵌模式"过分夸大了系统"超出"生活世界的程度，遮蔽了前者对后者的依赖。（Cohen and Arato 1992，p. 134）

特别是，哈贝马斯将现代性的规范性内涵限制在"交往行为"之内，这严重低估了规范性的社会体制凭借伦理限制系统运作的程度。因此，米歇尔·沃尔泽（Michael Walzer）指出，找出那些限制系统将生活世界商品化的能力，即"阻塞交换"的尝试就显得格外重要。（Walzer 1983，p. 100）"阻塞交换"包括"八小时工作制、最低工资法、健康安全法规"等方面的相关立法，它的作用是"建立基本标准，让工人无法在低于标准的情况下通过彼此竞价来得到雇佣"（Walzer 1983，p. 102）。同样地，克劳斯·奥菲（Claus Offe）提出，经济系统的日常运转依赖于生产过程中规范性的"联结关系"。（Offe 1992，p. 76）哈贝马斯曾宣称："科层制的经典模式在一个方面是正确的：组织内部的行动属于一种形式上受到管控的行动领域。"（Habermas 1987a，p. 310）和哈贝马斯的观点相反，奥菲认为资本主义的劳动过程受到规范性准则的影响，规范性准则"构成行动的环境……允许有关公平性和相互义务的质疑被提出来……"（Offe 1992，p. 83）。在这一前提下，所谓的"非规范的"系统不仅依赖于"规范性的"网络以团结和保护它的成员，系统也依赖于主体间建构的、作为生产过程的核心的"伦理生活。"（Offe 1992，p. 311）因此，哈贝马斯认为"组织内部关系"具有"伦理中立性"的观点未能揭示出，工人身处于一个丰富且复杂的规范性关系网络之中，这个网络是工作世界和管控这个世界的系统律令之间的媒介。

虽然哈贝马斯坚持韦伯的经济学观点，认为劳动是和其他"生产要素"等同的技术资源，但是，组织理论长久以来都意识到，它所称的"人力资本"具有规范性内涵。这一点在有关"人事管理"，即现称"人际关系"的文献中有所反映。大量新近出版的有关"伦理性商业实践"的书籍显示，即便是商业组织中的经理人也意识到，我们需要以规范性的方式来对待劳动，就算这只是为了实现企业的目的。在有关劳动的规范性内涵的论述中，出现了从新古典经济学到社会学的转向。与哈贝马斯从韦伯处继承的对劳动的工具性态度相比，现代管理理论似乎对劳动力持有一种更加"开明"的观点。虽然哈贝马斯也承认，"组织成员的生活世界从未完全被剥离，它渗透进了组织的现实之中"（Habermas 1987a, p. 311）。

由于哈贝马斯不愿反驳这一事实，即在经济系统自我生成的律令超越了生活世界的规范性义务的前提下，我们有必要在调节整个经济的客观指导机制与商业组织的内部生活之间做出区分。尽管市场的力量使参与者摆脱了规范性义务，但是工作场所构成了准生活世界，在其中，一系列规范性的期望得到兑现。在这一意义上，企业内部是主体间的领域，它在系统不近人情的律令和工人的规范性要求之间充当媒介。因此，当企业越来越多地将劳动包含到"企业宗旨"中，申明企业对员工的道德义务时，这些组织就在越来越多的方面披上了规范性的外衣，显示出其愿意迎合参与者的目的。当然，这只不过是一种管理策略，其背后的旧的权力结构没有受到丝毫影响。然而，这却向我们展现出，哈贝马斯薄弱的主体间性理论没有能力去解释资本主义工作场所中"伦理生活"的丰富性。

但是，问题并不在于哈贝马斯主体间性理论的薄弱性，而在于他对系统和生活世界之间存在论基础的二元论预设，在于他在劳动之中对某种"非规范的"规制正当化的预设。于是，哈贝马斯决定在两种对立的理性之间来回切换，具体则取决于他是要捍卫系统还是生活世界的合法性。这向我们抛出了一个问题：系统和生活世界的二分究竟是建立在劳动和"交往行为"的内在差异的基础之上，还是只不过是受特定历史条件决定的矛盾——即系统自我调节的性质和参与者自我决定的原则之间的矛盾——的表达罢了？

对话伦理的限度

即便哈贝马斯承认，他构想中有限的规范性与现代社会关系的经验复杂性并不相符，但是，它与系统取消"伦理生活"的能力是一致的。问题并不在于理论上系统在何种程度上逃避了"实践理性"所提出的要求，而在于这种逃避在何种程度上在社会里是有效的。

如我们所见，哈贝马斯保护系统不受生活世界的影响和保护生活世界不受系统侵袭的意愿是同样强烈的。他提出，系统和生活世界分别是两种不同理性的制度化表现。系统体现出"工具理性"或者"功能理性"，而生活世界则表现出"实践理性"或"交往理性"。然而，这种说法预设了一个节点的存在，在那里，一种理性的合法性走到了尽头，而另一种理性的合法性才刚刚开始。无论哪一方试图逾越这个节点都会招致"病态"。但哈贝马斯又是如何确定这个分界点的呢？如我们所见，答案就是他赋予劳动和"交往行为"的本质差异性。劳动被贬低为一种工具性活动，而"交往行为"被抬升至"伦理生活"的层面。正如约翰·基恩（John Keane）所说，对于哈贝马斯而言，"在工作这一过程中，劳动者至多只不过是一种乐器所发出的声音，会说话的工具……"（Keane 1984, p. 205）。结果，一种社会规制是否有效，并不是由参与者在交互主体性中所决定，而是由哈贝马斯基于一种客观的现代性理论所决定。

哈贝马斯并没有从参与者自身在主体间所确立的目的出发，来决定两种对立的社会规制的有效性，而是站在了一个观察者的立场上，掌控着为现代社会成员决定其合理目的的能力。斯蒂芬·克鲁克（Stephen Crook）认为，哈贝马斯试图"依照发展的逻辑，从客观的角度确定不同的空间和合理性之间恰到好处的平衡"（Crook 1991, p. 119）。在这一前提下，哈贝马斯利用"功能"理性来确定"实践"理性的边界。哈贝马斯宣称，经济与其国家机器是"被系统性地整合起来的行动场域，它们无法从内部得到民主的改造……否则便会损害其原有的系统逻辑和运作的能力"（Habermas 1992b, p. 449）。但是，当哈贝马斯抛弃"实践理性"的视角而采取"功能理性"的立场时，他违背了他原本想要捍卫的"交往行为"的原则，即"所有涉及的当事方都完全参与进来；他们能够平等、自由且不受阻碍地交往；不对主题和主题性的贡献做出限制；得到的结果能够进行修改等等"（Habermas 1992b，p. 449）。当哈贝马斯提出，民主妨害了系统正常运作的能力时，他不仅对"对话伦理"的结果做出了限制，而且取消了有效的社会规制得以从中产生的论辩过程。

然而，哈贝马斯的观点可以从认识论和伦理学两个角度进行反驳。鲍尔斯（S. Bowles）和金蒂斯（H. Gintis）认为，民主的进步能够促进效率的提升。这是因为，资本的统治鲜少为工人提供激励措施，促使其提高劳动生产率。但是，在更民主的、由工人控制的系统之中，工人会主动提高生产率，以获得更高的收益。如果我们退而承认，在民主和效率之间存在某种此消彼长的关系，这也并不意味着我们应当牺牲前者以换取后者。① 正好相反，这个选择取决于参与者更看重自主性还是效能，取决于参与者在经济中处于何种地位。资本的所有者大概率会牺牲工人的自主性以换取生产的效能，而劳动者更有可能做出相反的选择。哈贝马斯宁愿牺牲民主实践，以避免对系统造成妨害，也不愿牺牲系统运作的能力，以听取参与者的民主诉求。他不仅和"功能理性"一起站在了"实践理性"的对立面，也和资本一起站在了劳动的对立面。

有观点认为，这是对系统发展逻辑的"客观"论述。这一观点将哈贝马斯理论中的伦理旨趣物化了。哈贝马斯认为资本具有"功能理性"，他借此使系统凌驾于俗世的伦理有效性要求之上。而这一点使得他与自己的"对话伦理"理论相矛盾，因为"对话伦理"认为参与者具有对系统的优先性。哈贝马斯表明："最终，只有一个标准能够评判信念是否有效，这个标准就是：这些信念是否为论辩取得一致意见的结果。"（Habermas 1990，p. 14）正如托马斯·麦卡锡所说，即便是社会演进和系统复杂性的问题，"也必须依照哈贝马斯的原则，服从

①正如罗格朗（LeGrand）和罗宾逊（Robinson）所说，牺牲公民的自由以提高司法正义系统的运转效率是相对容易的。

于交往理性对生活世界的合理化，才能成为衡量进步的尺度"。①（McCarthy 1991，p. 133）

　　哈贝马斯没有遵循他自己的论辩规则，其背后的原因是，他认为系统是现代性不可避免的副产品。因此，他不认为我们能在不牺牲经济效能和功能协调的前提下，将系统民主化。哈贝马斯没有按照"实践理性"的评判标准将系统视为是物化的，而是按照"功能理性"的评判标准将系统"对生活世界的技术化"予以合法化了。他否认让系统服从于参与者的民主要求是合理的。在《在事实和规范之间》中，有一个段落揭示出了他的态度。哈贝马斯提出，虽然我们曾一度相信，可以"凭借法律和政治权力的媒介"来实现这一点（系统的民主化），"如今我们才了解真相，社会学的分析让我们认识到了实际的权力循环"（Habermas 1996，p. 482）。然而，这种说法不仅预设了有关"实际的权力循环"这一社会学共识的存在，它还假定"实际的权力循环"是一个既成事实。正如伊娃·诺特（Eva Knodt）所说，哈贝马斯"选择了系统的理论框架，这否决了现代社会具有一个规范性中心的可能性，而这个规范性中心能够让现代社会形成对自身的总体性反思，并借此掌控自身的演化"（Knodt 1994，p. 98）。

　　当然，这其中并没有新的观点。相反，它反映的是涂尔干的主张，即"把社会事实当作物"。在这一意义上，哈贝马斯的经济理论和涂尔干的一样，都倾向于将资本主义社会关系中客观的、外在的、强制性的特征正当化。传统的批判理论致力于这一方法的反思，并提出了替代性的口号："把社会事实当作物化的社会交往"。在这一点上，批判理论对现代性的正当化提出了质疑，将系统的"事实性"视为劳动被物化的征候。符号交往理论家认为，系统的事实性在某种程度上是"虚假的"。与他们不同，批判理论家认为，系统的事实性"真实"地表达了系统物化参与者的目的的能力。

　　如果说哈贝马斯的现代性理论由于各种矛盾而变得四分五裂，这是因为它所表述的现代性内含重重矛盾。然而，哈贝马斯并没有尝试在实践中化解这些

---

① 然而，据演化生物学家史蒂芬·古尔德（Stephen Jay Gould）所说，不仅把进化模型套用在人类历史上是不合适的，将发展逻辑应用于生物进化也同样不恰当。

矛盾，他提出的二元现代性理论旨在将现代性相互对立的特性划归到不同的社会领域中。但这种尝试是注定要失败的，因为现代性并不具有一个共同的道德基础，因此也就无从确定其内部彼此冲突的社会层面的合法范围。在这种情况下，任何从一个观察者的视角出发，出于功能性的原因将系统的"非规范性"合理化的尝试，都违反了参与者在主体间的实践基础上决定其社会认同的权利。哈贝马斯基于系统理论的评判标准，为系统"对生活世界的技术化"提供辩护，这是回避"对话伦理"的论辩程序的不合理行为。他并没有抵抗系统对生活世界的"殖民"，而是从系统的立场出发反对参与者以民主的方式确立的目标。在这一意义上，"对话伦理"的民主原则原本可以更加激进，只是哈贝马斯不愿去实现它的潜能。

对话伦理的承诺

康德之所以能够避免"目的王国"所带来的激进后果，是因为它超越了实践中在经验主体之间引发分歧的物质利益。尽管麦卡锡否认哈贝马斯试图赋予"先验哲学"以新的生命（McCarthy 1990，p. ix），但哈贝马斯也和康德一样，进行着"弱先验论证"（Habermas 1990，p. 32）。然而，哈贝马斯延续"先验哲学"传统的原因却难以简单地解释清楚。一方面，先验哲学为"对话伦理"的潜在结构赋予了无条件的性质；另一方面，先验哲学将"理想言语情景"带离了社会世界，使得"理想言语情景"不存在于实践中。哈贝马斯尝试为"无限制的交往共同体"赋予一种先验性，取消在一个被社会歧见所分裂的世界中达成共识的过程，并借此维持批判理论在一个缺乏批判的世界中的发展潜能。但是，当哈贝马斯将"无限制的交往共同体"仅仅视为一种"方法论的虚构"（Habermas 1996，p. 323），使其只是"在虚拟中才与行动有关联"时（Habermas 1996，p. 113），他使这一道德理想远离了社会现实，也使社会现实无法实现这一道德理想。作为这一悖论的结果，形式程序鲜少对系统提出要求，但同时却维持着"未受损害的主体间性"，这绝对是一个与系统势不两立的承诺。

与康德的"独白式"道德论不同，哈贝马斯的"对话式"道德论是在"公共领域"、在主体间被制度化的。他致力于确保规范性内涵在从马克思的劳动论到"普遍有效性原则的超越力量"的转换中，不会"重构出一套与历史唯物主义的自然主义思考不相符合的唯心主义观念论"（Habermas 1987b, p. 321）。因此，哈贝马斯需要在现实世界中为"对话伦理"建构制度基础。"这种交往能力只有在没有被扭曲的公共领域才能得到发展……在没有被歪曲的未受妨害的主体间性结构中才能到表达。"（Habermas 1987b, p. 148）正如乔吉娜·沃克纳（Georgina Warkner）所说，哈贝马斯想要以一种"由下而上"的研究方法来补充他对伦理"由上而下"的研究方法，前者以"生活的形式、文化价值观和人们从中寻找人生意义的传统"为基础（Warkner 1995, p. 133）。为此，哈贝马斯让"实践理性"的先验理念扎根于经验的生活中，让后者对前者"做出迁就"（Habermas 1996, pp. 113, 302 and 358）。"理所当然，就算是程序化的'人民主权'……在缺乏一种适宜的政治文化、缺乏一个民族以传统和社会化为媒介对政治自由惯习化的基本态度的前提下，也是无法实现的；如果没有一个合理化的生活世界对其做出迁就，理性的政治意志也是不会形成的。"（Habermas 1996, p. 487）

因此，在系统以"非规范"的方式规制生活世界的能力和生活世界以规范性的方式规制自身的能力之间，存在着一种张力。在弗雷泽和哈贝马斯的对话中，这一张力是显而易见的。弗雷泽质问哈贝马斯："如果我们所探讨的是让人们的参与成为可能的条件，那么经济平等，也就是阶级结构的终结和性别平等的目标，难道不是公共领域出现的条件吗？难道资本主义可以与之共存吗？"（Fraser 1994, p. 469）哈贝马斯在回应中谴责弗雷泽站在"空想社会主义者"的立场上思考问题。但这种回应是对重点的回避。弗雷泽只是在要求哈贝马斯承认，他的"未受损害的主体间性"概念中尚有"空想社会主义"的一面，它将道德社会的实现作为达成道德共识的前提。正如哈贝马斯自己曾说：

> 只有在一个被解放了的社会中，在一个社会成员拥有自主性和责任心（Mündigkeit）的社会中，交往才会发展为非权威的、普遍实践的对话，我们在交互性中构建的自我认同模式和真正的共识的理念，总是隐含于这种

对话之中。(Habermas 1972，p. 314)

弗雷泽正确地指出，资本主义的系统是"对话伦理"现实化道路上的主要阻碍，因为系统自我生成的律令阻碍了工人的伦理性参与。系统在现代性的规范性内涵中并没有为工人留出一席之地，它"损害"了工人以主体间的方式协调自己生活的能力。

即便我们继续使用哈贝马斯薄弱的"主体间性"概念，只要系统仍以"非规范"的方式操纵生活世界，"未失真的交往"的理想就是无法实现的。这是因为，系统使它"功能性的"律令凌驾在参与者践行"实践理性"的权利之上，因而让交往变得扭曲。在这一意义上，"功能理性"和"实践理性"之间的矛盾直接指向了现代性对于劳动的态度。换言之，"劳动问题"仍然是现代性无法化解的两难困境。然而，在哈贝马斯的理论中萌生出了以一种互利共赢的方式化解劳动和"对话伦理"之间矛盾的可能性。原因在于，一方面，对话伦理的非综合性来源于对劳动的排斥；而另一方面，劳动的工具性则来源于现代性的规范性内涵对工人的排斥。因此，如果在工人和现代性的规范性内涵之间重新建立起关联，我们就有可能创造出一个全面的、具有谴责系统物化"伦理生活"的能力的主体间性概念。我们无需在马克思和哈贝马斯之间做出选择，而是要尝试把后者对主体间性的洞见与前者以主体为中心的自我建构论连接起来。但是，如果工人没有感受到他们的主体间性受到了损害，并为了纠正这一问题而斗争，那么这一切就会停留在理论问题的层面。因此，霍耐特以工人为取得社会承认而进行的斗争为基础，将现代性的规范性内涵延伸到劳动问题上的尝试才会具有如此重大的意义。

第七章　道德救赎的斗争

从最早期的著作开始，阿克塞尔·霍耐特就力求拓宽和深化批判理论的规范性基础，以便将劳动纳入到主体间性的覆盖范围中。霍耐特反对哈贝马斯任由"非规范性"的系统来支配劳动的做法，并寻求以规范性的方式重新阐释工人的斗争。但是，霍耐特针对哈贝马斯的交往范式所提出的替代方案，仍然受限于交往范式中基于文化制约的道德能动论。在有关"为承认而斗争"的著作中，霍耐特做出了很大程度的改进，承认"道德"与"物质性"的分裂，限制了后者的解放性潜能。为了弥补这种二分的现代性理论所造成的实质匮乏，霍耐特以一种潜在的"哲学人类学"作为其"未受损害的主体间性"概念的基础。在这一意义上，霍耐特和他之前的马克思与哈贝马斯一样，并没有将参与者为兑现现代性的规范性承诺而进行的斗争，当作批判理论的基础，而是使批判理论根植于一种社会本体论之中，而斗争的任务就是实现这一社会本体论。

与此同时，霍耐特也与马克思、哈贝马斯一样，对批判理论的论述充满了历史意识，且以现代的自主性精神为基础。霍耐特宣称："批判理论最深处的内核——无论它与其他形式的社会批判是否具有一致性——都需要以准社会学的方式指明社会现实中的解放性旨趣。"（Honneth 1994a, p. 256）只可惜，霍耐特并没有将参与者为克服系统的他律性而进行的斗争作为批判理论的基础，因而未能坚守这一立场。相反，霍耐特采取了一个观察者的视角，以此作为掌控和裁定现代性之中何为"病态"、何为非"病态"的能力。人的"类"特质，在马克思眼中是自我对象化的劳动，在哈贝马斯看来则是以相互理解为导向的语言。霍耐特和他们一样，强调社会承认在"身份认同的顺利实现"中所起到的作用。（Honneth 1994a，p. 263）在客观地定义了何为"未受损害的主体间性"后，霍耐特批判了未能达成这一规范性理念的现代性。

在接下来的内容中，我很难将霍耐特承认理论的丰富性和复杂性毫无二致地呈现出来。基于此，我会把讨论范围局限于工人为将劳动"再道德化"而斗争的相关论述。这同时也向我们表明，批判理论的"规范性转向"无需以回避劳动问题为代价。但是，霍耐特延续了哈贝马斯所提出的批判理论的特点，即强与弱的共存——"强"是因为批判理论将工人为求承认而展开的斗争，贬低为一种实现一个超社会的目的论的手段；"弱"是因为它没有对系统"损害"主体间性的能力展开批判。正是在这一意义上，我们认为霍耐特的批判理论依赖于一种客观性的立场，而这种客观性来源于系统物化主体间性的能力。因此，如果不去挑战系统与"伦理生活"的割裂，我们就无法在参与者为实现现代性的规范性承诺而进行的斗争的基础上重建批判理论。

劳动的道德内涵

在早期的一篇文章《工作与工具性行动：论批判理论的规范基础》中，霍耐特提出，哈贝马斯朝着主体间理解的方向发展马克思主义的尝试"付出了代价，在行动理论的社会劳动中尚有迹可循的冲突潜能此时已然消失"（Honneth 1995a，p. 40）。也就是说，当哈贝马斯将劳动贬低为人（主体）与自然（客体）之间的一种纯粹的技术关系时，他"消解了马克思曾试图在社会劳动和社会解放范畴之间建立起来的关联"（Honneth 1995a，p. 44）。霍耐特认为，这其中的问题并不在于劳动的工具性，而在于是谁操控着劳动的使用：

> 作为一个批判性概念的工作，必须从范畴的层面把握两种工具性行为之间的区别。在第一种工具性行为中，劳作的主体依照自身的知识，在一个自给自足的过程中自主地塑造和调节着他自己的活动；而在第二种工具性行为中，劳作的主体没有主动性，既不掌握活动的控制权，也不能决定

与客体相关的活动结构。(Honneth 1995a，p. 46)

因此，剥夺工人自主性的并不是劳动的工具特性，而是工人对劳动过程的控制权的缺失。在这一意义上，霍耐特提出，劳动仍然具有规范性的维度，其"基础不是对系统性地扭曲了的交往关系的意识，而是在生产技术合理化的过程中，对真正工作行为的消灭的感知"(Honneth 1995a，p. 47)。因此，伴随现代性而来的"道德损害"并不局限于交往的受阻，而且延伸到了"系统"对工人自己的工作活动的"剥夺"。"由此而来的有效的规范性要求产生于一种道德的脆弱性，它的出现并不是因为相互理解的交往模式遭到了压制，而是由于工人自身的工作活动受到了控制。"① (Honneth 1995a，p. 47) 若是有愈来愈多的工作受到外界的支配，就会有愈来愈多的"反抗性行为产生，工作的主体在其中相互协作，以求夺回对自己活动的控制权。但吊诡的是，对客观实际的回顾似乎显示出，异化劳动仍延续着它不正当的统治"(Honneth 1995a，p. 48)。接下来霍耐特提出，我们可以通过"非扭曲的工作状态"这个概念将劳动和规范性重新连接起来。(Honneth 1995a，p. 45)

但是，这一表述是有问题的。首先，它的预设是，在"非扭曲的工作行为"的映衬下，资本主义劳动过程才显现出其"扭曲之处"。这使人联想到马克思"以主体为中心"的劳动理论，他认为劳动本质上是有目的性的活动。霍耐特没有将工人为挽救资本的恶果而展开的斗争作为批判理论的根基，而是援引了一种认为劳动本身便与资本相对立的自然主义的劳动理论。霍耐特在一定程度上意识到了这些问题，而他采取的下一步行动就是从主体间性的角度出发，调和哈贝马斯的道德观和马克思的物质观。

在稍后的一篇文章《道德意识和阶级统治》(Honneth 1995a) 中，霍耐特开篇便抛出了这个观点："晚期资本主义国家的干预主义凭借物质补偿政策和对工会组织工资政策的制度性整合，断绝了雇佣工人的政治利益和实践兴趣。"(Honneth 1995a，p. 216) 这一点削弱了阶级斗争中再分配的正义性的重要程

---

① 早期的马尔库塞尝试将黑格尔"本真的自我"(Eigentlichkeit) 的概念整合进批判理论中，霍耐特有关工人对其自身的劳动具有所有权的论述是对马尔库塞的应和。

度。为此，我们需要基于"文化和精神生活机会的不对称分配"，重构先前以"物质商品的不平等分配"为基础的非正义理论。① (Honneth 1995a, p. 217) 工人斗争的原因不是物质资源的分配失衡，而是"获得文化教育、社会荣誉和确保认同得以产生的工作……的机会的分配失衡" (Honneth 1995a, p. 218)。

因此，霍耐特援引了桑内特 (R. Sennett) 和柯布 (J. Cobb) 1972 年的著作，来论证工人承受着源自"社会尊严的不平等分配"的"隐性伤害"。 (Honneth 1995a, p. 218) 而首当其冲的是"主要从事体力工作的下层人群"，他们被认为是最容易失去"承认""尊重""荣誉""尊严"和"崇敬"的人群。 (Honneth 1995a, p. 218) 然而，由于这些工人缺少"一个社会集体运动的承认结构以支撑他们的认同……他们对这些日常感受到的非正义的实际反应，仅仅局限于个体的或专属于某个群体的反抗文化的建构，以补偿尊重的匮乏……" (Honneth 1995a, p. 218)，因此，"下层阶级的工人"缺少一种清晰地阐述他们遭受伤害所必需的"连贯的语言表达"，来获得政治上的承认。 (Honneth 1995a, p. 219) 于是，审视"劳工斗争"的重任就落在了社会学家 (比如霍耐特) 的肩上，"这些斗争尚未达到为公众所承认的规范性冲突的门槛，却指向一种对非正义的意识，这种意识以一种隐而不露的方式要求得到自组织工作的权利" (Honneth 1995a, p. 219)。霍耐特没有将有组织的工人阶级斗争作为批判理论的基础，而是认为，反抗起源于那些"尚未达到为公众所承认的规范性冲突的门槛"的行动者。 (Honneth 1995a)

霍耐特为选择这一路径所给出的理由是："在动机层面，下层阶级的社会抗议并不是受实证的道德原则所驱动，而是因为直觉中的正义观念受到了侵犯"。 (Honneth 1995a, p. 262) 他们所利用的是初始的、未经打磨的"前理论资源" (vorwissenschaftliche Instanz)，也就是人类认同的道德内核。然而，霍耐特对"下层阶级"的斗争的强调，却与他所倡导的道德关切已经取代了物质要求的观点不甚相符。如果说更高的生活水平会将阶级斗争的目标从"物质"引向"非

---

① 虽然，这二者并非互相排斥，因为"阶级社会的存在以生产性个体行动者在市场中不平等的机会为基础……它的结果是机会或社会承认的持续性分配不平等"。

物质"，那么这种抗争首先会涉及"较上层阶级工人"，因为他们的物质需求已经得到了满足。然而，为什么对于工人群体中的优越者而言，物质要求却更为重要？虽然霍耐特对斗争背后的道德动机的强调，有利于重建规范性的批判理论和在系统中劳作的人们之间的关联，但是这种行为却忽略了，驱使工人团结起来反抗系统的"经验性"关切。在这一意义上，霍耐特以人的道德认同为依凭，来探索反抗行为的"前理论"基础的尝试，回避了工人运动中对抗系统使人道德失丧的律令所做出的斗争。

只可惜，在霍耐特提出工人斗争的道德基础理论之后，他进一步将"本体论"意义上的主体间性作为工人斗争的支柱。因此，他没有对工人为获取更大的自主性而开展的斗争做出清晰的阐述，而试图探寻工人自主性所依赖的"道德语法"。为此，霍耐特开始在主体间性之中寻找"不被扭曲的自我关系"实现的可能性。（Honneth 1995b, p. 1）在推论出存在一种未受损害的认同形式后，霍耐特批判了现代性中那些"搅扰""扭曲"或"损害"健康的道德发展模式的方面。

为承认而斗争

哈贝马斯称，批判理论的规范性内核是"不被扭曲的交往"。而在《为承认而斗争》（1995b）中，霍耐特对他的观点做出了修正，将"不被扭曲的交往"改换为"不被扭曲的承认"。除此之外，霍耐特延续了哈贝马斯将普遍的、为所有特殊的社会形式所共有且不以任何特殊的社会形式为转移的"伦理生活"，作为批判理论之基础的做法：

> 和那些与康德撇清关系的尝试不同，这里的善的概念不是构成一个具体的、基于传统共同体的道德观的实质价值的表达。相反，它与伦理生活的结构性要素相关。交往被普遍认为是自我实现的方式，从这一角度而言，那些结构性要素可以作为规范，从所有特殊的生活形式的多样性中提取出来。（Honneth 1995b, p. 172）

在拓宽和深化为哈贝马斯"交往行为"理论奠基的规范性理念的同时，霍耐特也保留了"交往行为"理论对不受特定群体的"实质价值"所束缚的普遍道德理论的追求。霍耐特和哈贝马斯一样，力图从黑格尔论述主体间性的早期著作中发掘出道德认同的核心观念。但是，哈贝马斯强调劳动和交往之间的区别，而霍耐特却并非如此。因为在他看来，黑格尔的承认理论对两者都有涵盖。霍耐特继承了路德维希·希普（Ludwig Siep）的观点，认为黑格尔所说的为承认而斗争，是对霍布斯的为自我持存而斗争的规范性重建。

黑格尔对霍耐特的启示是，财产的争夺不仅伤害了个体的物质利益，而且损害了个体的道德尊严。从受害的一方宁愿与对手斗得你死我活这个事实中可见一斑。黑格尔告诉我们，人类的尊严比生存更加重要。他接着提出，化解冲突所需要的并不是霍布斯建议中的拥有垄断性暴力的利维坦国家，而是在道德上受到承认的、能够确立所有权的合法性产权。[①]（Honneth 1995b, p. 47）在这一基础上，霍耐特提出，黑格尔对霍布斯的阐释是"划时代的、新的社会斗争观，依照这一观念，主体与主体之间的现实矛盾可以被理解为集体社会生活中的一个伦理性事件"（Honneth 1995b, p. 17）。然而，霍耐特对黑格尔的"形上"世界观视域下的"伦理生活"持批判性态度。为了对此做出修正，霍耐特转而开始研究社会心理学家乔治·赫伯特·米德的著作，以"自然主义"来纠偏黑格尔"思辨式的"社会承认理论。

米德的理论之所以吸引霍耐特，是因为他和黑格尔的理论一样，都是以相互依赖的先在观念为基础。个体的身份认同产生于一个主体间的确证过程。（Mead 1970）在这一意义上，黑格尔和米德在原则上都认为：

> 相互承认的律令统摄着社会生活的再生产，因为只有当一个人学会了从交往中的伙伴的规范性视角来审视自己，将自己作为其社会交往对象时，他才能发展出与自我的现实关系。（Honneth 1995b, p. 92）

---

① 需要注意的是，霍布斯并没有将所有承认要求都还原为"物质"要求。相反，霍布斯认为："一个人在公众中的身价，也就是国家赋予他们的身价，一般称之为地位。"

只不过，霍耐特对米德所用方法的经验性和历史性不甚满意，因为其缺乏一种"后习俗的"道德观念。（Honneth 1995b, p. 109）于是，霍耐特返回到了黑格尔的理论中，以求创造出一个超越所有特殊历史语境的普遍的承认理论。（Honneth 1995b, p. 110）

然而，霍耐特也承认，这一举动是充满风险的。它有可能让霍耐特试图通过援引米德，从而清除黑格尔形而上学底色的努力功亏一篑。但霍耐特同时指出，要得到有关实现人类自主的主体间性条件的总体理论，这又是唯一的路径。（Honneth 1995b, p. 176）他和黑格尔一样，尝试提出一种历史哲学，其基础观点为：社会斗争源于尚未得到救赎的承认关系，但这同时又起到了扩大承认关系的作用。在黑格尔论述中，这种历史哲学表现为关于道德发展的理论，它包括三个"社会冲突阶段"（Honneth 1995b, p. 23）。第一个阶段发生在具体-特殊的家庭生活领域；第二个阶段发生在抽象-普遍的法律（Recht）领域；第三个阶段发生在具体-普遍的道德团结领域。这三个阶段分别对应一种不同形式的认同：

> 在家庭的爱的承认关系中，人类个体被认为是具体的有需要的生物；在法律的认知-形式的（cognizant-formal）承认关系中，人类个体被认为是抽象的法人；最后，在国家的合理情感（emotionally enlightened）的承认关系中，人类个体被认为是具体的一般者（concrete universals），也就是其特殊性被社会化了的主体。（Honneth 1995b, p. 25）

随后，霍耐特开始重构黑格尔的"道德发展"理论，以便创造出一个随着历史不断进步的"一般主体间性"概念。然而，霍耐特却回避了"伦理生活"中特殊的、作为其典型的现代形式，但正是这一形式才能使霍耐特的理论建立在"社会实在"的基础之上。源于此，他承担了将历史的、特殊的认同形成转变为超历史的、一般的认同形成模式的风险。

三步就能通往天堂？

第一步：爱

在黑格尔的理论中，"爱"是"互相承认的第一个阶段，因为主体在这个阶段中互相确认彼此需求的具体性，并承认彼此是有需要的生物"（Honneth 1995b, p. 95）。霍耐特认为，爱只存在于友谊、爱情和亲情的"私人领域"，因此于道德发展无益。为了给这个阶段赋予具体的内容，霍耐特援引了唐纳德·温尼科特（Donald Winnicott）的理论，因为温尼科特的"客体关系"和"承认的现象学"非常契合。（Honneth 1995b, p. 98）霍耐特着重强调了温尼科特的一个观点，即人的成熟"依赖于童年早期在共生和自决之间取得平衡的能力"（Honneth 1995b, p. 98）。温尼科特认为，在儿童成长过程中的一个特定阶段，他会以粗暴的态度对待"母亲"，来检验"她"是否独立存在。（Honneth 1995b, pp. 101 - 102）"如果'母亲'通过了儿童无意识的测验，忍耐着咄咄逼人的攻击而并没有收回她的爱作为报复，那么在儿童的眼中，她就属于一个儿童在痛苦中接受了的外在世界。"（Honneth 1995b, p. 104）在这个过程中，双方都逐渐意识到，另一方不仅仅依赖着他们给予的"爱"，而且自身也是一个独立的存在。顺利渡过了这个发展阶段的儿童会长成正常的、健康的、自主的成年人。[①]"情绪自信的基本水平……是在主体间的爱的体验中形成的，它是日后所有自我尊重的态度得以发展的心理前提。"（Honneth 1995b, p. 107）

霍耐特援引温尼科特有关儿童发展的论述，是为了将它所体现的"理想交往模式"作为一般"正常"家庭发展的超历史基础（Honneth 1995b, p. 107）。虽然霍耐特批评黑格尔将"父权制资产阶级家庭关系"普遍化，但他却认可了温尼科特对 20 世纪 50 年代美国白人中产父权制家庭生活的普遍化。（Honneth 1995b, p. 176）作为对温尼科特观点的支持，霍耐特提出，成年后是否自信取

---

① 霍耐特认为，"工具主义"只在"病态"的情况下才会出现，"自我中心的独立"或者"共生性依赖"在其中转化为"受虐癖"和"施虐癖"等"异常"。

决于儿童与母亲的关系。据霍耐特的（英语）译者所说，母亲这个说法指的是"除了生母之外的其他人也可以扮演的角色"（Honneth 1995b, p. xiii）。所以，这个词在英语译本中总是带着令人心惊的引号，但是在德语原文中却不是如此。这使我们产生了一种印象，即母亲的角色是家庭生活中"固有的基本结构"。不符合这一规范的家庭被贴上了"病态""失序""偏离"等"非正常"家庭生活的标签。（Honneth 1995b, p. 106）

这其中的问题并不在于霍耐特将批判理论与一种过时的家庭结构观联系在了一起——虽然这一点已经够糟了，而在于他为家庭结构赋予了一种以主体间性的道德语法为基础的超历史性。宣称一种家庭形式比另外一种在道德上更加优越是一回事，但认为这一判断是基于一种对家庭形式的客观评价而做出的又是另外一回事。批判理论的任务是伸张参与者决定自己道德原则的能力，比如哈贝马斯的"对话伦理"理论，但霍耐特却与此背道而驰。他依赖于专家对何为"正常"家庭生活的规定，而忽视了参与者的文化、追求和价值观。

霍耐特还提出，"私人领域""不具有规范性发展的潜力"（1995b）。如果将霍耐特前后的论点合而观之，他似乎赞同 20 世纪 50 年代美国的家庭关系是养育出健康、快乐的人的规范。任何偏离这一规范的行为都是"病态的"，是对理想的认同形式的背离。当然，如果家庭形式对道德发展并无影响，那么女性主义中改变家庭生活结构的呼声——正如温尼科特本人所说——是一种"异常"。（Winnicott 1986, p. 188）如此一来，霍耐特的批判理论就与以增强社会自主性为目的的妇女解放运动的斗争产生了矛盾，而后者的诉求符合现代性的规范性内涵。此外，霍耐特的观点——家庭是一个"私人领域"，其中的承认要求仅仅局限于"爱"——也让我们感到忧虑。虽然这在 20 世纪 50 年代曾经是主流的规范，但随着女性主义的到来和"个人的政治化"，性别身份变得更具有"公共"性。曾与"私人领域"无关的"参与式平等"规范随之成为了男性和女性日常为之斗争的关键性问题之一。这一切都使得霍耐特认为家庭关系与规范性发展无关的观点缺乏说服力。①

---

① 虽然霍耐特确实承认道，当"伴侣之间共有的权利越多"时，自由便会增进。

第二步：权利

霍耐特认为，只有到了法律或者法权"阶段"才出现了规范性的发展。它起源于资产阶级为从封建主义的评价标准——地位之中挣脱出来而进行的斗争。在这一意义上，霍耐特提出，资产阶级在普遍主义的"合法性"概念产生过程中起到了关键性作用，而"合法性"是现代个体性得以独立自主的基础。但是，霍耐特却并不同意米德的观点，即法律权利是在一种特殊形式的"具体共同体"之中产生的。（Honneth 1995b, p. 109）与此相反，霍耐特认为，这样的"权利"具有一种"后习俗"的特性，与黑格尔的历史哲学相一致。"随着向现代性的过渡，在哲学和政治理论中发展起来的后习俗正当性解释原则也进入到了成文法之中……"（Honneth 1995b, p. 109）现代性以这样的方式催生出一个法律系统，它表达着"所有社会成员的普遍利益"，每一个人在这个法律系统中都承认其他所有人"是能够就道德规范自主地做出合理抉择的人"（Honneth 1995b, p. 110）。虽然对个体是"自身的目的"的承认没有得到进一步发展，但个体自由地行使自主权的条件却得以变得更加宽泛。结果是，社会环境越是赋予个体更大的权力以自主的方式行动，在社会中就会出现越多的承认关系。

资产阶级在创造出一种"后习俗的"公民权利之后，处于他们"之下"的"弱势群体"便向他们施加压力，迫使他们将公民权利的范围扩大到法律领域之外。为了将这一过程理论化，霍耐特援引了马歇尔（T. H. Marshall）的著作，以支撑他的观点：只有当"有利于平等参与合理性协议达成的前提条件出现时"，工人才能获得"资产阶级的自由权利"。（Honneth 1995b, p. 115）对于霍耐特而言，马歇尔的理论之所以重要，是因为他以发展的眼光看待公民权利。公民权利的发展共经历三个阶段：在第一个阶段中，公民权利确保个体拥有自由；在第二个阶段中，政治权利确保个体能参与到法律的确立过程中；在第三个阶段中，社会权利确保能满足个体基本的福利需求。 （Honneth 1995b, p. 115）因此，只有当弱势群体取得了大部分的"政治权利"时，他们才能充分行使"公民权利"；只有当他们取得了"福利权利"时，他们才能充分行使"政治权利"。

于是，霍耐特提出，"作为道德上负责任的人要想进行参与，个体不仅需要法律保护他们的自由不受到干涉，而且需要法律确保他们有机会参与到公共意志形成的过程中。然而，只有当个体拥有一定程度的社会生活时，他们才能充分利用这样的机会"（Honneth 1995b, p. 117）。然而，在霍耐特的分析中，社会团结的第三个也即最后一个"阶段"，并不是工人使现代性的规范性内涵延伸到经济系统之中的尝试，而是工人为获得个体自主性的实现所必要的物质条件的手段。所以，霍耐特的社会团结论并没有充分考虑到工人为将经济"再道德化"而进行的斗争。

第三步：团结

霍耐特认为，团结的领域之所以会产生，是因为人们需要根据他们对共同体生活的独特贡献来评估个体的价值。但是，他拒绝接受米德的观点，即我们可以将社会价值的确定与劳动分工联系在一起。"米德所设想的解决方案是，把自我实现和参与到对社会有价值的工作中连接在一起。对于那些在社会劳动分工的背景下'出色地'履行他们职能的人，他们所获得的承认足够让他们意识到自己的个体独特性。"（Honneth 1995b, p. 88）霍耐特提出了相反的观点："对各种职能性工作的价值评估，取决于共同体的总体性目标。"（Honneth 1995b, p. 90）在哈贝马斯的话语体系中，这意味着不同职位的社会有效性并非取决于经济系统，而是源自符号化的生活世界。霍耐特尝试将社会承认同社会的抽象目标经由一个"'价值共同体'（Wertgemeinschaft）联系在一起，在这个共同体之中，'名望'或'地位'所代表的仅仅是社会承认的程度……个体通过对社会抽象化目标的实现做出一定程度的贡献，来完成他或她的自我实现"（Honneth 1995b, p. 126）。

然而，在霍耐特拒斥了米德的方案后，文化领域与经济领域之间关系的本质问题，便出现了理论化不足的情况。究竟是如帕森斯的功能主义所说，"价值共同体"与经济系统互为补充，还是如马歇尔的福利国家论所说，"价值共同体"与经济系统相冲突，我们尚无定论。这都进一步揭明霍耐特社会承认理论所存留的重大空白。虽然霍耐特想要指出，承认在社会斗争的推动中发挥着更大的社会作用，但这在很大程度上局限于非经济的领域。出于这个原因，霍耐特对"价值"的定义主要是文化的。无论是起到"实现在文化中确立的目标"作用的"文化的自我理解"（Honneth 1995b, p. 122），还是群体之间利用"符号的力量"来控制"公众注意力的倾向"的"文化冲突"（Honneth 1995b, p. 127)，都是如此。在哈贝马斯的著作中，经济系统是生活世界的背景。而在霍耐特的分析中，经济系统却几乎消失了踪影。当经济系统在场时，它表现为以功利主义的方式追求物质利益的策略性主体，因此，在再分配以外的问题上，它不含任何道德的意味。这又与黑格尔以一种更具实质性的"伦理生活"作为物质斗争基础的尝试相违背。

金钱、市场与道德

霍耐特之所以提出承认的社会关系理论，是因为他想要了解道德要求在推动阶级斗争中发挥着怎样的作用。这些有关道德的见解与马克思的物质"利益"范畴相对立。"反叛、抗议、抵制的动机普遍地被转变为'利益'的范畴，这些利益本应产生于物质机会分配的客观不平等，而不是以任何的方式和错综复杂的日常道德情感发生关联。"（Honneth 1995b, p. 161）与此相反，霍耐特试图在社会斗争的动机与人类生活的"道德语法"之间重新建立联系。"和所有功利主义的解释模式都不同，这意味着动机或社会反抗和反叛是在道德感受中产生的，而道德感受是对承认所期待的根深蒂固的结果的违背。"（Honneth 1995b, p. 163）弗斯特指出，这一点促使霍耐特沿用了哈贝马斯对"规范性交往领域和生产领域"的区分。（Foster 1999, p. 7）霍耐特认为："在第一种情况中，我们分析的是对稀缺物资的竞争；而在第二种情况中，我们分析的是有关保持个人的正直性所需要的主体间条件的斗争。"（Honneth 1995b, p. 165）然而，霍耐特对社会冲突之文化源头的关注却延续了"物质性"和"道德"之间的分裂，正是这一分裂导致了劳动与现代性规范性内涵的割裂。

虽然霍耐特坦承，承认理论的模式"不仅有义务延展，而且要在可能的情况下修正"以利益为基础的社会冲突模型（Honneth 1995b, p. 166），因为"社

会尊重的关系……和收入分配的方式有着非直接的关联"（Honneth 1995b,
p. 166），但是弗雷泽的观点比他更进一步："承认是正义最基本的概念，它其中
包括了分配。"[1]（Fraser 1997, p. 74）霍耐特将为承认而做出的斗争限制在"个
人正直性的主体间条件"之内（1995b），而没有探讨经济在社会承认的具体化
中所发挥的作用。于是，弗斯特提出："（霍耐特的）理论到目前为止所缺乏的
是有关承认的拒绝和在结构中再生产出来的物质性排斥之间关系的论述。"
（Foster 1999, p. 13）而最重要的是，霍耐特没有认识到，经济将以地位为基础
的社会价值转变成了货币化的市场价值。这呼唤着一种更具实质性的"伦理生
活"，为经济奠定规范性的基础。

　　在霍耐特的著作中，也曾出现过货币是分配社会价值的手段这一观点。可
惜，这种观点在以文化为主要决定因素的社会承认理论中，至多算是题外话。
霍耐特的承认理论需要更多地关注财产和名望之间的关系。范伯伦（Veblen）
认为，在现代境况下，"拥有财富……在大众的观念中，成为了一件值得赞誉的
事。如今，财富本身就是荣誉，并且将荣誉赋予它的所有者"（Veblen 1992,
p. 37）。[2] 如此一来，货币在资本主义中扮演着分配社会尊严的角色，物质财富
分配中的不公平经由货币与社会中错综复杂的主流道德情感联系在一起。货币
并没有取代道德，而是占据了它在社会认可的分配中所扮演的角色。因此，财
产所有权和社会尊严是密不可分的，因为前者是后者的基础。正如范伯伦所说，
一旦"财产的拥有成为了在民众间获得尊严的基础……它就成了我们称之为自
我尊重的满足情绪的前提"（Veblen 1992, p. 38）。

　　正如在前现代时期，社会尊严是"物质"权力的源泉，在现代，货币才是
"物质"权力的来源。其间的区别是，在现代，社会承认的媒介可以直接作为一
种社会力量，购买商品和服务。这便是货币之所以具有"物质"权力的原因。

---

① 诚然，霍耐特明确地表示，"并非所有形式的抵抗都源于对道德要求的损害"，在许多事例中，"确
　保经济上的存续……是大规模抗议和反抗背后的动机"。
② 有趣的是，虽然霍布斯认为一个人的价值相当于他的能力在市场中的价格，但他也承认，估价也
　具有主体间的因素。"人的价值或身价正像所有其他东西的价值一样就是他的价格；也就是使用
　他的力量时，将付给他多少。因之，身价便不是绝对的，而要取决于旁人的需要与评价。"

但是，我们不应由于这一点而忽略了货币的"道德"内涵。恰恰相反，社会认可的媒介同时也是获得商品和服务的手段这一事实向我们显示出，分配是建立在社会价值的基础之上。在这一意义上，货币在作为替代选择的价值共同体不存在的前提下，是决定人在现代资本主义的系统中价值几何的重要手段。那么，发挥监督作用的"价值共同体"反映出其功利主义的考量，也就不足为奇了。

塔尔科特·帕森斯（Talcott Parsons）认为，从现代社会关系中产生出一种反霍布斯主义的"价值系统"，它将策略性的行动者整合到一套共有的道德信念之中。（Parsons 1968）与此相反，罗伯特·默顿（Robert Merton）提出，现代资本主义宣扬的主要价值是"金钱上的成功"。也就是说，默顿并不认为现代社会中的价值系统是市场资本主义滋生出的自私自利的解药。他表明，价值系统是助长这种自私自利的工具。对金钱目标不顾情理的追逐，再加上高收入和高社会地位之间的隐性关联，共同构成了现代资本主义支配一切的价值共同体。仅仅将道德和逐利行为的不道德对立起来是不够的，我们要将基于协作、共同体和社会正义的集体道德与基于自私自利、成功和技术效率的个人主义道德精神对立起来。

如果默顿的观点是正确的，那么以承认理论为基础的批判理论就不能对经济在社会尊严的分配中所发挥的作用漠然置之。因此，我们不能主要从文化的方面来看待社会承认，而是应该考察，经济系统为何能篡取分配社会承认的权力。只可惜，霍耐特没有探讨这个问题，这一部分是因为他将系统视为物质利益的表达，一部分是因为他对自主性的看法带有愈发强烈的个人主义色彩。（Kalyvas 1999，p. 100）结果，霍耐特忽视了工人斗争所发挥的作用。从工人的斗争中，产生了抵制以市场为基础的价值分配，而推崇福利标准作为替代选择的价值共同体。因此，批判理论不能只是将利益的语言和道德的语言对立起来，而需要考察二者之间的割裂是如何构成了一个"伦理总体"的两个方面，工人斗争在这两个方面的调和中起到了关键的作用。我们可以说，对功利主义利益的追求只不过是看上去缺少道德的内涵。这种表象的原因在于，其所处的社会环境是一个"伦理生活"已经被货币化了的环境。

如我们所知，黑格尔是第一位详细分析这一现象的理论家。由于马克思将劳动与自我客体化的主体性等同起来，批判理论因此缺少规范性的资源。在这一前提下，齐美尔对于经济系统将道德义务转化为货币义务的论述才凸显出其重要性。齐美尔提出，随着现代市场的形成，"反映整个群体协作的荣誉性奖励被货币性奖励所替代，货币性奖励是对群体表现的最大承认。通过货币的形式表达奖励的转变，是社会群体扩张的内在要求，因为扩张意味着群体内不可避免的原子化"（Simmel 1978，p. 348）。在社会承认的货币化和个体决策的原子化之间存在着一种辩证关系。当社会承认越来越多地以经济的方式表现出来时，个体就越来越从先前的道德义务中脱离出来。然而，虽然这一点极大地鼓励了个体自主性，但它也遮蔽了社会行动者对彼此的依赖程度。

> 在货币经济产生之前，个体直接依附于他所在的群体，劳务交换将所有人同整个社会紧密地团结在一起；而如今，每个人都以一种浓缩了的、隐蔽的方式将其他人的成果据为己有。每个人都有选择在何时何地提出这种占有要求的权利，因此也就松散了先前交换形式中的直接联系。货币赋予个体脱离了群体利益的新的独立性，这种极具重要性的力量不仅表现为货币经济和物物交换经济之间的根本差异，而且表现为货币经济内部的根本差异。（Simmel 1978，p. 342）

社会承认的货币化将个体从其先前在道德上所依附的以地位为基础的价值共同体中解放出来，并以这种方式促进了个体的自主性。虽然霍耐特正确地强调了普遍的社会承认与个人自主性发展之间的关系，但是他没有就货币化社会承认系统的产生来对其做出解释。在这样一个系统中，对经济利益的追求与先前的道德义务脱离开来了。①

然而，只要经济以一种"非道德"的方式履行着"道德"的职能，任何意欲扩大规范性决策范围的尝试，都必须先消除系统对主体间性的物化。因此，马歇尔的论述是值得借鉴的。他指出了工人的斗争在将现代性的规范性内涵延

---

① 工会主义者往往指出，由于货币是资本主义中衡量社会尊严的手段，货币不仅影响了工人的"物质"福祉，也影响着工人的社会价值感。

伸到"物质"领域过程中所发挥的作用。马歇尔没有将道德斗争局限在文化领域内，而是向我们显示出，工人在与系统的斗争过程中，对公民的社会身份民主化塑造方面贡献了力量，这不仅体现在财富分配和个体自主性之间，更是体现在财富分配和集体自主性之间。只可惜，霍耐特尚未能意识到，社会团结的现代形式是参与者为控制系统自我生成的冲动而进行斗争的结果。因此，他的"社会团结"概念对系统将劳动商品化能力的取向是功能性的，而非批判性的。在下一章中，我将展开论述这些观点。但是现在，我想再次探讨霍耐特对黑格尔的"未受损害的主体间性"概念的挪用，以及它与劳动的关系。

超越黑格尔？

霍耐特认为，在黑格尔较晚期的著作中，"意识哲学占得了上风……压过了所有与主体间性相关的见解……"（Honneth 1995b, p. 62）。这一观点是富有争议的，诸如罗伯特·威廉姆斯（Robert Williams 1992）等人曾对此予以反驳。然而，即便我们承认这一观点是正确的，它也需要得到进一步的解释。霍耐特留下的唯一线索是，关于黑格尔从"交往行为"理论转向了以"个体与其环境在理论和实践层面对抗"为基础的理论转向。（Honneth 1995b, p. 29）它所指向的是从主体间的现代性理论到以主体为中心的现代性理论的转变，而这一转变的原因是黑格尔试图在其伦理团结的模型中融入与自然的"工具性"关系。霍耐特似乎同意本哈比的观点，即黑格尔和马克思著作之所以显示出以主体为中心的特征，是因为二者将劳动作为人类活动的原型。"因为二者都在最后的分析中，将劳动而不是交往作为人类活动的主要模式，超主体性的话语才取得了支配性的地位。"（Benhabib 1986, p. 68）也就是说，由于劳动具有自我对象化的固有倾向，以劳动为基础的人性模型不可避免地引向了"超主体的"社会关系理论。①

---

① 人们又会想起汉娜·阿伦特的观点，即劳动本质上具有某种异化的力量，使它无法在主体间被同化（intersubjectively unassimilable）。

然而，如果我们从劳动是一个社会过程的观点入手——即使在资本主义中劳动似乎只剩下了工具性的本质，那么，资本主义之中的劳动不应被看作是人与自然"代谢交换"的范式，劳动的工具性特征应当被视为资本主义组织形式的结果。在这一前提下，黑格尔使主体间的现代性理论从属于以主体为中心的现代性理论的倾向，可以被解释为他无法对经济自我生成的律令漠然置之，而不是因为他采用了一种社会性的"劳动模型"。正如霍耐特所说，对于黑格尔而言，"个体以市场为中介的活动和兴趣——后来都被包括进了'市民社会'的范围内——一个虽然'负面'，但仍是'伦理'总体的构成性'领域'"（Honneth 1995b, p. 13）。在这一意义上，"市民社会"是异化（外化）了的"伦理生活"，在其中，道德要求表现为客观的经济法则。①

> 货币是物质地存在的概念，统一的形式，或所有需求对象的可能性。当需求和工作被抬升到了这样的普遍性（Allgemeinheit）的高度，一个骇人（ungeheures）的具有共同利益和相互依赖性的系统便在一个伟大的民族中成形了，一个自我驱动的死亡的生命（ein sich in sich bewegendes Leben des Toten）。它四处游走，盲目、狂暴，好似一头野生的动物，它时刻需要被驯服、被控制。②（Hegel 1979，p. 249）

然而，黑格尔并不是要回到封建的经济组织方式中去。他认为救赎的道路是一种"伦理生活"，它能够将作为"无形之手"的市场机制再内化。但是，由于黑格尔和他之后的马克思、哈贝马斯和霍耐特一样，将系统对道德的"外化"视为现代性自然而然的结果，唯有一种客观的道德才能够驯服系统"自我驱动"的律令。因此，本哈比所说的社会关系的"超主体"形式并不是劳动作用的结果，而是使这种形式发挥作用的经济系统运作的结果。

---

① 卢卡奇提出，德语中的"Entäusserung"和"Entfremdung"译自英语中的"alienation"一词，后者出现在"经济理论著作中，指向一件商品的售卖；而在有关自然法的著作中，它指向一种原有的自由的失丧，即由于社会契约的缔结而将自由移交或让渡给社会"。

② 此处引文出自黑格尔的《第一精神哲学》（*First Philosophy of Spirit*），但该译本与卢卡奇《青年黑格尔》中的译本略有差异。

结果，黑格尔并没有得到一种与现代性对实体的主体化相称的"伦理生活"，他牺牲了个体的自主性，以换取更广泛的自我客体化的主体的自主性。随后，实体与主体在"绝对主体"中转为一致，而"绝对主体"的范本是它本应"驯服"的自我生成的系统。如本哈比所说，黑格尔的"危机整合和管理模式并没有消除公民自由丧失所造成的后果，而是催生出了社会关系的第二个领域，它对公民而言是如此无处不在，正如市场的法则对于资产阶级而言也是无处不在的。这第二个领域就是司法和行政的官僚系统"（Benhabib 1986, p. 100）。如果我们想要得到一个避免了系统对其物化的、主体间的道德概念，那么，将道德与行动者为把系统"再道德化"的斗争联系起来是极有必要的。

如果说批判理论未能做到这一点，那是因为批判理论对劳动抱有一种自然主义的态度，认为系统的客观性是有目的地改造自然的不可避免的结果。一旦这一假设被确立下来，即社会关系的客观性质是不可避免的，那么对社会关系的分析也必须采取一种客观的方式。对于马克思而言，这种客观性表现为"科学社会主义"；对于哈贝马斯而言，它表现为"后习俗的"道德；对于霍耐特而言，它表现为一种"超主体"的"伦理生活"理论，以历史发展的目的论作为"社会冲突的道德语法"的基础。霍耐特没有去考察现代行动者为自己的斗争做辩护时所运用的规范性原则，而是试图从主体间性的内在结构中推演出使"成功的生活"得以成立的先验条件。于是，霍耐特沿着马克思和哈贝马斯的路径，以"客观"的态度高高在上地审视生活世界中参与者的主体间立场。这三位理论家都得以从符合人性本质的"道德理念"出发去批判现代性。在提出客观的"伦理生活"理论后，霍耐特将批判理论的规范性关切转变为有关现代性"病理"的科学性理论。

病理性与社会批判

霍耐特十分直白地表达了他将参与者的道德目标排除在外的意愿，因为他的目的是探寻内在于主体间性本身的道德目标。"这个框架让客观意图的背景显现出来，在其中，历史性进程不再表现为事件，而是表现为一个冲突性的形成过程中的各个阶段，它的结果是承认关系的逐渐扩张。"（Honneth 1995b，p. 170）然而，这种说法不仅将社会行动者转变为实现一系列超历史目标的手段，且行动者本身对此并无察觉；它同时也让批判理论变成了一种实证主义的现代性理论，使参与者的伦理观点被专家的客观评判所遮蔽。在与西蒙·克利奇里（Simon Critchley）的访谈中，霍耐特的表述印证了这一点："我们让批判理论保有生命力的唯一方法，就是延续……社会哲学对我们当今的文化、这种文化的病理和某种特定的资本主义文化的病理做出诊断的事业。"（Honneth 1998，p. 37）当有人质疑"病理学"这种说法是否适合批判理论时，霍耐特回应道："我认为，要发展它（批判理论）就不能撇开病理学的语言……社会的批判理论预设了关于社会的一个愿景，其中不存在病理学中所描述的那些损害。在社会病理批判这样的事业中，总是存在着这样的规范性基础。"（Honneth 1998，p. 37）作为总结，霍耐特表明："我们（批判理论家）是社会缺陷方面的专家……我们在某种意义上就是社会的医生。"（Honneth 1998，p. 39）

　　然而，霍耐特却偏离了让伦理生活根植于"人的道德自主性"的路径，而是选择寻找"人的实现的一般条件"（Honneth 1995b，p. 172）。他的这种行为极有可能牺牲了"人"的自我建构观，而拥抱了"超人"的自我建构观。参与者为表达现代性的道德目标而进行的斗争，陷入了被贬低为实现一个不断展开的超历史目的的手段的危险。在这一意义上，霍耐特没有能够完成哈贝马斯所发起的从"主体间"的角度重建批判社会理论的任务。结果是，批判理论并没有表达出参与者的道德目标，而是与之产生了冲突。作为一位"医者"，霍耐特力图以客观的方式确定何为"健康的"社会关系。在霍耐特的眼中，"健康的"社会关系不是行动者有权在主体之间决定何为良好生活的社会关系。他信奉着一种专家文化，相信福利体制是从外部施加在参与者身上的。

　　站在"医者"立场上的霍耐特不再需要与他旨在解放的行动者进行平等的对话。霍耐特不再需要询问何为行动者的理性利益，因为他自以为已对其有所了解。或许这能够解释，为何霍耐特不愿意以有组织的工人运动斗争作为他理论的依据，而是要为不善表达的"社会下层阶级"的诉求发声，因为他们无法对自己的病痛做出诊断，也无法自行提出救济之策。当霍耐特发现了让自主的能动性得以发挥的一套道德原则，他便不再需要征求自主的行动者的意见，就道德原则的问题得到他们的认可。相反，由于社会行动者的斗争并不是霍耐特批判理论的出发点，他便可以忽视詹姆斯·博曼（James Bohman）所说的"有知识的社会行动者"，"对他们而言，要求应该被公开地提出来"（Bohman 1996）。

霍耐特终究无法认同参与者为了让系统负起责任而开展的斗争，这显示出批判理论在抵御系统对生活世界的"殖民"时的无能为力。霍耐特认为，要让"社会哲学"（霍耐特对批判理论的别称）保有生命力，就只能求助于一种以人类生活普遍的、根本的境况为基础的"形式主义人类学"。（Honneth 1996，p. 394）然而，霍耐特采取了一种"医学的"社会诊断"模式"，这一行为使得批判理论认同系统对主体间性的物化，并因此使其变得更加缺乏效力。他并不赞同主体间的批判理论，即"由一个具体的社会成员来决定，在他们的社会生活方式中何为'病态'……"（Honneth 1996，p. 393）。他借取了系统物化生活世界的能力，以便提出一个客观的社会常态理论。

如果我们想要调和批判理论与现代性的规范性内涵之间的矛盾，就必须正视对批判理论产生过影响的自主性精神。这意味着，我们首先应该拒斥为批判理论奠定"人类学的"基础的尝试，进而转向参与者为抵抗系统的物化倾向而进行的斗争。当人文主义精神站在系统的对立面，反对其将参与者转变为实现其自我生成之目的的手段时，批判理论的实质内容不应指向人性的固有结构，而应指向社会运动将系统"人性化"的能力。在下一章中，我将从参与者为扩大主体间的领域而缩小物化领域的斗争出发，重新思考福利国家的问题。

第八章　为了社会福利而斗争

　　毫无疑问，相对于哈贝马斯以共识为目标的交往行为模型而言，霍耐特凭借"为承认而斗争"的概念，将道德与劳动再度连结起来的尝试是巨大的进步。然而，由于将道德限制在了"文化"的界域之内，霍耐特延续了哈贝马斯让经济与现代性的规范性内涵"脱嵌"的方法。虽然霍耐特以主体间的劳动论取代马克思以主体为中心的劳动论的做法是值得赞赏的，但是他未能充分认识到工人"物质"斗争的"道德"内容。为了弥补这一点，我认为，我们应该将工人的斗争视为夺回因系统与"伦理生活"的分裂而丧失了的主体间领域的尝试。

　　尽管哈贝马斯和霍耐特都宣称他们已扬弃了"以主体为中心的思维方式"，但二人却对支撑这种思维方式的社会机制未加批判。对于哈贝马斯而言，这种社会机制表现为"策略性行为"；而对于霍耐特而言，它体现在"功利性旨趣"之中。无论是哪一种情况，"以主体为中心的思维方式"都与马克思所说的"代谢交换"的物质活动有关。批判理论仍将经济活动视为本质上"非规范性的"活动。然而，仅仅只是发现一个替代性的主体间领域，并将其作为分析现代性的场所，无法使我们避开布迪厄所称的"在客观主义和主观主义之间例行公事性的非此即彼的选择"（Bourdieu 1977，p.4）。虽然"生活世界""价值共同体"和布迪厄的"惯习"等概念，在我们认识一种伦理性的社会团结时有所助益，但是这些概念大都局限于文化领域，因为在实践中，经济将"伦理生活"分裂成了客观的和主观的因素。在这一前提下，（1）任何呼吁以纯理论的方式化解这一二元对立的行为都会在范围上受到限制；（2）任何在实践中消解这一二元对立的尝试都必须消除经济对主体间性的霸权。因此，如果不超越克服支撑着"以主体为中心的思维方式"的社会条件，我们就无法对其进行扬弃（无论是其宏观的还是微观的社会形式）。而社会条件指的是"上"至系统的客观结构，"下"至策略性行动者的主观偏好中的主体间性的分裂。

然而，由于社会关系的"客观化"建立在系统对能动性"主观化"的基础上，后者由于社会地位的改变会致使前者发生相应的改变。当个体团结为一个集体，系统便不再具有他异的性质。市场力量曾一度享有的特权越来越多地受到社会机构的中介。于是，在参与者看来，系统在表面上便不再具有强烈的"非规范性"。然而，这个"再内化"的过程与经济趋于不稳定的倾向是密不可分的。由于系统无法确保自身运作的条件是稳定不变的，它需要一定程度的国家调节，以防止经济陷入失控的状态。新古典主义经济学认为，当市场无法有效地利用经济资源时，国家干预是合理的。而福利经济学使得公平性和自主性也具有了正当性，即便这二者会损害效率。在这一意义上，国家进行干预的能力建立在，系统以有效的方式运作的无能和工人运动使其福利要求进入政治议程的成功之上。

虽然哈贝马斯承认，福利国家能够发挥有限的作用，让系统的经济律令对参与者在主体间形成的目标中负起责任，但与此同时，他却又执着于使生活世界的民主程序成为行政权力合法性的基础。为此，他使法律扮演了连结"交往行为"的弱效力和经济调节的强效力的关键角色。这样一来，由于将生活世界的民主冲动与系统自我生成的律令连接在一起的桥梁绕开了福利国家，哈贝马斯的"实践理性"无力挑战经济对主体间性的分裂。一方面，哈贝马斯的"不受支配的交往"原则具有激进的意义；另一方面，他保守地接受了系统对伦理自主性的压制。这二者之间存在着一种张力。为此，哈贝马斯认为，系统以自我生成的方式进行自我调节的能力是一个既成事实。这也即意味着，哈贝马斯又使生活世界失去了兑现"交往行为"所承诺的能力。

反思批判理论的规范基础

在《在事实与规范之间》（1996）中，哈贝马斯不再将人类能动性的异化形式归咎于系统自我增殖的律令，进而彻底切断了他与马克思主义的连续性。作为替代，哈贝马斯从卢曼的系统理论出发来审视经济，因为卢曼的"新的客观主义社会理论规避了历史哲学整体性概念的狭隘性和规范性的重担"（Habermas 1996，p. 47）。哈贝马斯摒弃了他的前辈对系统的"负面"态度，而以"赞赏的"眼光打量它"清除（verwischt）所有诠释学路径"的能力，因为它们"将社会引向了一种从行动者的自我理解出发的行动理论"（Habermas 1996，p. 47）。

然而，哈贝马斯却不愿全然抛弃民主的自我建构的可能性，而拥抱系统"清除"参与者自主性的能力。因此，他批评卢曼未能意识到，"客观"系统会在一定程度上被主体间的生活世界所调和，在生活世界中，"人民主权"已经在交往中发挥着作用。哈贝马斯随即将批判理论的任务重新设立为，证明"昨日的愿景，即一个由自由且平等的公民所构成的自我组织的共同体，可以在复杂社会的条件下被重新构想"（Habermas 1996，p. 7）。然而，由于哈贝马斯认为系统缺乏规范性的内容，他将"伦理生活"的剩余区隔在了经济的高墙之外。起初，这符合构成生活世界中局限于语境的价值观的实质性伦理规范的情况。但是，因为这些伦理规范不具有超越语境的合理性，无法达到道德伦理的标准，哈贝马斯要求个体抛弃"因时而变的利益和价值取向、特殊的社会文化生活以及塑造认同的传统中的异质性特征……"（Habermas 1996，p. 164），以便获得一种能够进行道德商谈的"自主意志"。在这一意义上，正如大卫·英格拉姆（David Ingram）所说："只有一个不依赖于行动就可以被完全表达清楚的实践理性概念，具有无法规避的策略限制和审美直觉的、对总体性具有类思辨的、沉思式前理解的实践理性概念，对哈贝马斯而言才是批判理论的适宜基础。"（Ingram 1987，p. 74）

哈贝马斯将"实践理性"的批判性内容放置到了"清除了所有实质性要素"

的规范领域之中。(Habermas 1996, p. 228) 他接下来所要面对的问题是,如何将无偏见论辩的"抽象"世界和充满了"实质性"利益的日常世界重新连接起来。"当某个正义理论……试图在现存体制和传统之外,证明一个秩序良好的社会原则是正当的,它就要面对正义的抽象理念如何才能和现实重新联系在一起的问题。"(Habermas 1996, pp. 197-198) 为了解决这一问题,哈贝马斯求助于法律,将"交往权力"的弱效力转变为一种有效的"行政权力"。(Habermas 1996, p. 150) 在这一意义上,"法律……发挥着'转换器'的作用,它主要确保遍及整个社会的、整合社会的交往网络能够得到维系"(Habermas 1996, p. 56)。然而,"实践理性"将"人民主权"的民主原则限制在了"无实质""无主体""不具名"的交往行为范围内(Habermas 1996, pp. 486-487),它似乎无力抵抗全球资本主义逐利的律令。

然而,这样一个无效的诊断,却可以被解释为权力关系现状的"现实"反映。在这一意义上,哈贝马斯可以宣称,这是系统对其原子化的行动者拥有至上主权的反映。但是,认为支撑着批判理论的力量不及反对它的力量强大是一回事,提出批判理论应当对系统抵消社会能动性的能力采取"赞许"的态度又是另一回事,二者不能混为一谈。在哈贝马斯的"交往行为"理论中,没有任何内容能够证明这一结论是正确的。事实正好相反,因为系统妨碍了"实践理性"的运用,违背了现代性的规范性内容,还将参与者转变成了系统实现自我再生目的的手段。

为了挽救哈贝马斯有关现代性的规范性承诺的洞见,我们有必要恢复批判理论和"物质"利益之间的联系,是后者驱使着参与者为实现一种更加公正、平等和民主的生活而做出斗争。如果把哈贝马斯的愿景,即"未受损害的主体间性",放在它所产生的历史语境中,我们就有可能逆转"道德"与"物质主义"的脱嵌,克服这种脱嵌所造成的物质利益追求的"非道德化"和道德目标追求的"非物质化"。正如艾里斯·玛丽恩·扬(Iris Marion Young)所说,哈贝马斯的"实践理性"论的问题在于:"行动者如果不是纯粹自私地思考,只考虑什么才最有利于他或她自身的欲望和目标,就是从一个不带偏见的普遍性角度出发来思考,不考虑任何特殊的欲望或利益。"(Young 1990, p. 106) 于是,扬呼吁着一个新的道德概念的出现，它不产生于"孤独的、自我立法的理性"，而是"来自与他者的具体遭遇，而他者要求他们的需要、欲望和观点得到承认"（Young 1990，p. 106）。

如我们所见，哈贝马斯对这类批评的回应方式是：在研究系统对道德进行规制时，以一个基于"对其做出迁就的生活方式"的"内部"方法，来补充"先前"方法的不足。（Habermas 1996，pp. 302，358，487）他提出，"协商政治"需要根植于市民社会实质性的"人民主权"才能实现。然而，由于作为"由下至上"的方法被替代，选择"由上至下"的方法却深陷述行矛盾和超验性的无能，或许我们应该抛弃使"超越语境的有效性要求"得以成立的"理想交往共同体"这一"方法论的虚构"，而采用一个重视历史中参与者的伦理有效性要求的实质性的主体间性概念。（Habermas 1996，pp. 322-323）这主要是因为，在保留"后习俗的"道德理论中道德超越生活世界的能力的前提下，就"伦理生活"提出"后形而上学的"理论是不可能的。换言之，如果哈贝马斯是实心实意地想要强调参与者视角对于观察者视角的优先性（Habermas 1992，p. 36），正如他自己所说的那般，那么他必须将参与者的"经验性"关切作为"未受损害的主体间性"的基础，而不是把观察者眼中以相互理解为目标的语言中恒定不变的组成部分作为其基础，特别是当他对道德的客观论述与系统对"伦理生活"的客观化相一致时，尤为如此。

在这一意义上，哈贝马斯试图在语言中发现一种客观的道德秩序结构的行为，仅仅只是印证了系统对道德的客观化。因此，在哈贝马斯从主体间性的内在结构中推演出"实践理性"规范的尝试，与系统"清除"参与者的规范性观点的能力之间存在着一致性。在前后两者中，社会行动者的视角都由于一种更高形式的理性遭到了轻视，无论这种理性指向了以"对话伦理"的形式程序为基础的"实践理性"规则，还是指向以系统自我生成的律令为基础的"功能理性"规则。最终，在哈贝马斯的图式中，我们被迫卷入了一场非此即彼的斗争，双方是两种互相对立的理性，只有从"外部"、从一个客观观察者的视角出发才能够理解。所以，如果批判理论想要将伦理自主性从系统的他律性中解救出来，它必须成为参与者的盟友，加入他们为使经济对其集体确立的目标做出回应的斗争之中，而这又需要我们反思系统压制"伦理生活"的能力。

重新思考主体间性

系统的"客观"性以其行动者的"主体化"为基础这一影响深远的观点，出现在黑格尔早期对"市民社会"的论述中。然而，这个观点在亚当·斯密谈及市场的"无形之手"和构成市场的"利己"个体之间的关系时也有所显露。和斯密不同，黑格尔认为"伦理生活"隐含于经济之中——即便它披上了异化的、"非道德"的外衣。但是，由于黑格尔不赞成以民主的方式消除"市民社会"中的失范，"伦理生活"的复归便采取了外在的形式，使经济受制于一种超社会的精神的道德规制。这印证了系统对道德的客观化。

在那些意图复兴黑格尔有关经济生活的规范性特征的人当中，唯有齐美尔成功地还原了"市民社会"的主体间性内容。然而，在哈贝马斯论述主客二分起源的相关内容中，我们仍可辨认齐美尔继承黑格尔见解的痕迹，尤其是当哈贝马斯采用黑格尔的"命运的因果性"这一说法时：

> 命运的动态变化产生于……对称条件和在主体间构成的生活环境中相互依赖关系所遭到的扰乱，在这一生活环境中，当一个部分孤立了自身，它就让自身与其他所有部分和他们的公共生活相疏离。从主体间共享的生活世界脱离出来的行为，是主体-客体关系产生出来的最初原因。（Habermas 1987b，p. 29）

于是，哈贝马斯并不认为系统的"非规范性"形式，是劳动的"工具性"特征自然而然的体现，或是对生活世界的"功能性"规制，他提出，系统的"非规范性"形式是个体与"伦理生活"的主体间语境相割裂的结果。"一个剥除了全部规范性维度的自我个体（ego-instance），一个被还原为认知层面的适应性成就的自我个体，确实形成了由媒介所指导的子系统的功能性补充……"（Habermas 1992a，p. 197）在这一前提下，策略性行动者"逃离"规范性的生活世界的能力，与系统"中介"生活世界的能力相对应。"策略性行动者不再求助于主体间所共有的生活世界，成为了无世界之人。他与客观世界相对而立，仅以主观的偏好为标准来做决定"（Habermas 1992a, p. 197）。

鉴于哈贝马斯已经摒弃了韦伯的观点，即系统的客观性是"工具理性"体制化的结果，而更倾向于卢曼的观点，即自我生成是"功能理性"体制化的结果，这一点更凸显出其重要意义。哈贝马斯切断了系统的"非规范性"和劳动的"工具性"之间全部的藕断丝连，他似乎抛弃了他长久以来所持有的（阿伦特式）观点，即"劳动"内部的某种性质使其超越于道德慎思的领域之外。（Arendt 1958）哈贝马斯认为，系统将生活世界"客观化"的能力，是系统分裂主体间性的能力的体现。这一论断具有重要的意义，因为它意味着，要实现一个伦理的"公共领域"，需要的不是行动者超越自身"物质"利益的能力，而是其克服系统对个体的原子化的能力。只要系统的"去道德化"建立在其"策略性行动者"的"去道德化"的前提下，那么，规范性的"公共领域"的形成与发展，就需要个体具有克服系统将其原子化的能力。

从这一角度出发，哈贝马斯认为，个体必须超越其物质利益才会有能力进行道德慎思的观点，恰好印证了物质与道德的脱嵌，而二者的脱嵌正是"交往行为"所力图克服的对象。因此，哈贝马斯让道德重新对物质领域产生影响的努力遭遇了困境，因为道德必先脱离物质领域才可称为道德。然而，如果系统的"去道德化"建立在主体间性分裂的基础之上，那么，系统的"再道德化"就必须仰赖系统之主体的再度联合。在这一前提下，要构建一个强大、富有活力的实质性的"公共领域"，就需要个体具有扩大主体间领域对经济产生规制的能力，而不是个体抛弃其物质利益的能力。

如我们所见，霍耐特在一定程度上接近了这一结论，他认识到工人的斗争在扩大现代性的规范性内涵、使其将劳动包括在内的方面发挥着作用。但是，霍耐特的理论局限于社会承认的文化形式，而未能触及工人运动对系统的再规范化所产生的影响。为了纠正这一失察，我认为需要将工人为改变劳动的商品属性而做出的斗争，与福利国家使经济负担起道德义务的能力联系起来。这意味着，我们需要抛弃马克思将劳动自我客体化的主体性，与资本自我增殖的律令对立起来的做法，而拥抱工人为将劳动从系统自我生成的律令中解放出来的斗争。然而，这需要我们严肃地重新思考工人将系统"再道德化"的斗争，与批判理论的规范性内涵之间的关系。

工人运动的斗争

为了在交换的正义和生产的非正义之间做出区分，马克思提出，工人将自己的潜在劳动而不是实际劳动出卖给了资本。的确，由于马克思认为后者并不具有内生的价值，资本家无法购买"劳动"，而工人也无法出卖"劳动"。在这一前提下，工人无法在交换过程中将自己的劳动"剥离"（alienating）并交给资本家。也就是说，在生产过程中产生的剩余不仅是由劳动所创造，而且是劳动的所属物。

然而，一旦我们放弃了马克思对产权的客观论述，而采信一个主体间的产权理论，那么交换便在系统对劳动的侵占合法化过程中占据了极为关键的位置。当工人同意将自己的劳动时间出卖给资本时，他们不仅放弃了对生产过程所带来的收益的所有权，而且放弃了对生产过程的掌控权。因此，任何从劳动的视角出发批判资本主义的尝试，都必须始于资本主义在交换中建立的规范性关系，特别是任何人都不应当在不经本人同意的前提下被当作实现他人目的的手段这一原则。但是，这种做法却不能消除交换的规范性内涵与生产的规范性内涵之间所产生的矛盾。相反，雇佣者能够仅凭让劳动的出卖方进行工作的方式来"消费"劳动这一事实表明，工人必将同他们的"劳动"一道进入生产过程中。由此便产生出一种潜在的、存在于工人的自主性要求和雇主的私有财产要求之间的"权利冲突"。①（Bowles and Gintis 1986）马克思认为，这一冲突是有关工作日长度斗争的核心所在：

---

① 就许多方面而言，个体的自主性本身就是私有财产关系的一项职能，也就是说，此处的矛盾是两种财产权之间的矛盾。

资本家要坚持他作为买者的权利，他尽量延长工作日……可是另一方面，这个已经卖出的商品的特殊性质给它的买者规定了一个消费的界限，并且工人也要坚持他作为卖者的权利，他要求把工作日限制在一定的正常量内。于是这里出现了二律背反，权利同权利相对抗，而这两种权利同样都是商品交换规律所承认的。在平等的权利之间，力量就起决定作用。(Marx 1976，p. 34)

然而，如果工人默认了在交换过程中建立起来的产权，并且接受资本具有让劳动进入工作的权利，那么这种冲突就不会爆发出来。但是，当工人在生产过程中将自身组织起来——事实也往往如此——他们便会质疑工资契约的合法性，以及伴随工资契约而来的资本将劳动视为"生产工具"的权利的合法性。马克思认为劳动是价值的源泉。而作为这一观念的替代，只有当劳动寻求将其目标置于集体基础上时，才能与资本有所区分。

这种观点背后的动机并不难理解。作为商品的工人被贬低为物，可以被正当地当作实现他人目的的手段来对待。当工人拒绝接受自己身为商品的地位时，他们奋起斗争，使现代性的规范性内涵能够涵盖整个生产过程，以迫使雇佣者将工人自身当作目的，并给予他们应得的待遇。因此，工人伸张其规范性地位的斗争与工人使劳动去商品化的斗争是紧密相连的。正如艾斯平-安德森（Esping-Anderson）所说：

> 身为商品的工人是可以被置换的，极易成为冗余，而且是原子化的。所以，去商品化是一个多重原因催生的过程……它是……使个人拥有尚可接受的福利和保障的前提条件。最后，如果去商品化没有发生的话，工人便无法采取集体行动；因此，去商品化是工人运动不断发展所必要的联合和团结的全部内容。(Esping-Andersen 1990，p. 37)

换言之，工人被贬抑为商品的程度越深，他们在面对由市场造成的紧急状况之下就越显乏力。当工人被贬为物时，他们自身的目的便只能服从于资本的目的。① 但是，这违背了系统用以使自身合法化的原则，即参与者的同意。在这一意义上，工人使劳动去商品化的斗争，与"实践理性"对生产过程的覆盖相互呼应。

"实践理性"的发展往往作为另类的历史叙事，被淹没在哈贝马斯有关系统对"功能理性"体制化的论述之中。哈贝马斯认为，资本对劳动的"抽象"是相对于传统手工作业的进步，因此"泰勒制"的"科学管理"是对系统合理性的强化。这类管理技术，还有以其为基础的福特流水线生产，作为抵消劳动自主性的手段被投入使用。这一事实于哈贝马斯而言无足轻重，因为在他看来，现代性的规范性内涵并不覆盖工厂大门和办公室之外的领域。将系统嵌入生活世界中的尝试反而对系统的合理性有害。

哈贝马斯将资本称为"功能理性"的载体。而与此相反，劳动者不仅要抵制系统对其集体自主性的清除，并重新伸张其集体自主性，他们还敦促改革的进行，以消减劳动的商品属性。在这一基础上，霍洛威（Holloway）提出，新的产业工会主义"从新的工作关系中诞生出来，福特制的广泛应用意味着存在大量的、新出现的无技术工人在大型工厂中工作"（Holloway 1995, p. 19）。克里夫（Cleaver）也同样强调了新的行业工会结构的出现与新的福利实践之间的关联：

> 10 年前，在由弗雷德里克·泰勒和亨利·福特改革后的物质基础之上……诞生出一种全新的工人阶级力量结构：工厂群众工人有权要求集体谈判和一种新的产业工会主义，也掌握推行全职雇佣、增加薪酬和社会保障的社会权利。完善失业补助和其他新"福利"国家的支柱措施。（Cleaver 1995, p. 149）

在这一意义上，在泰勒制和福特制之后产生出的新的集体抵抗形式，和美国经济大萧条之后推行的罗斯福新政之间存在着一种共生关系（Holloway

---

① 马克思注："资本是根本不关心工人的健康和寿命的，除非社会迫使它去关心。"（《马克思恩格斯全集》第 23 卷，人民出版社 1979 年版，第 299 页）

1995，p. 19)。① 正如迈克尔·沃尔泽（Michael Walzer）所说："如果没有一个得到赋权的、被调动起来的工人阶级，新政举措便不可能施行。虽然工人阶级没有按照马克思的构想夺取国家权力，但它确实利用国家在诸多涉及正义的领域改变了社会关系的模式。"（Walzer 1995，p. 286）因此，工人运动在为资本以工具化的方式对待劳动的"权利"上施加道德限制等方面，发挥了重要的作用。

然而，如果我们所得出的结论是：工人运动只是在"实践理性"的基础上为自己的行动提供合法性，而损害了"工具理性"或"功能理性"，那么便陷入了谬误。相反，工人运动的目标也包含促进长期的经济稳定性，而"市场乐观主义者"认为系统能够确保这种稳定性。因此，当系统没有能力"不负所望"地兑现其承诺时，工人运动便要站出来，要求系统接受国家管控。所以，工人运动不只是在斗争中伸张"实践理性"，反抗系统自我生成的倾向，它同时也伸张了"功能理性"，抵御着系统失灵的风险。

福利经济学承担了衡量经济是否有能力同时兑现"实践性"和"功能性"承诺的任务。为此，福利经济学将经济系统置于"规范性检视"（normative scrutiny）之下。然而，虽然福利经济学与"市场失灵"的状况密切相关，但这却不是一个纯粹的技术问题。相反，"市场失灵"的指认与系统满足参与者"物质"目标的能力紧密地联系在一起。所以，"市场失灵"的问题不能与工人运动将工人的福利提上政治议程的能力分别而论。

福利经济学与价值的再规范化

西蒙·克拉克（Simon Clarke）认为，发生于 19 世纪末期的经济理论的规模性变革，是对工人运动所带来的挑战与回应："边际革命发生的大背景是，人们想要理解在经济关系的调节中，进行国家干预的可能性和边界，尤其是劳动

---

① 法国调节学派认为，福特制带来的生产力水平提升使生产过程中出现了一种新的矛盾，矛盾的一方是更高的（货币和社会）酬劳以补偿工人的乏味活动，另一方是工人对于劳动单调性的有组织的抵制。

问题如何解决。而这种意图产生的大背景则是，国家在经济和社会生活中扮演着越来越重要的角色。"（Clarke 1982，p. 149）这一革命以"新古典主义经济学"之名为人们所熟知，它旨在证明自由竞争的有利效应，并以此来限制社会改革。（Clarke 1982，p. 150）新古典主义经济学始于帕累托（Pareto）的想法，即"当不存在任何扭曲的现象时，自由竞争的均衡状态会确保分配是有效率的"（Begg et al. 1984，p. 322）。这意味着，只有当"市场失灵"出现时，国家干预才具有合法性。

乍看之下，哈贝马斯利用"功能理性"为系统的效用提供辩护的做法，与新古典主义经济学认为市场的力量能够确保经济资源得到最合理分配的观点之间似有重叠。然而，哈贝马斯是沿着卢曼的路径，将"客观"观察者的观点作为资本主义合理性的依据（Habermas 1996，p. 47）；而新古典主义经济学却认为，市场的合理性在于它为"社会成员的偏好"提供了"最完美的表达"（Clarke 1982，p. 164）。① 换言之，前者强调了系统有效利用稀缺资源的"客观"能力，而后者强调了系统满足消费者"主观"偏好的程度。虽然这两种观点并非彼此对立——二者只是衡量分配效率的同一标准的两个方面，但是他们却提出了迥然不同的发展路径。最重要的是，福利经济学提供了一种新的方式，让系统看似"技术性"的运作进入规范性标准的辖制范围内。对于哈贝马斯而言，经济福利与系统将"功能理性"体制化的能力是一致的；而在新古典主义经济学中，经济福利对应的是参与者主观所感知到的"福利"。在后者的观点中，系统实现参与者目的的能力以"消费者主权"（consumer sovereignty）的原则为依据。

克拉克认为，福利经济学的内核在于呼唤"以道德和政治的方式调节资本主义的社会关系"，"以便缓和对经济利益不加节制的追逐而产生的矛盾"（Clarke 1982，p. 138）。然而，克拉克没有继续这种规范性的思考，而是返回到了一种正统马克思主义对系统的批判之中。虽然克拉克自己也承认，新古典主

---

① 哈贝马斯在其晚期的著作中表明：只要系统增进了个体的"消极自由"，使其能够以自主的方式行动，那么系统所创造出的策略行为是具有道德意义的。然而，这一点却没有得到充分阐发，因为哈贝马斯提出，系统"清除"了这个领域中所有行为理论的出发点。

义经济学开始让经济接受道德的质询，但是他仍然批判了新古典主义经济学（Clarke 1982，p. 186），因为它完成了由政治经济学发端的对资本主义社会关系的"正当化"。（Begg et al. 1984，p. 312）在这一意义上，福利经济学使得批判理论的规范性视野超越了文化领域，而延展到了系统内部。简言之，福利经济学揭示出一片主体间的空间的存在，以便在其中评估系统惠及参与者的能力。因此，帕累托才提出，福利经济学更偏向社会学，而不是经济学。（Parsons 1968）

由于福利经济学让"物质"领域进入到了"公共领域"的范围内，它对哈贝马斯"伦理生活"理论的产生具有借鉴意义。也就是说，哈贝马斯的理论旨在保卫生活世界不受系统的侵袭，而福利经济学却使得参与者的伦理关切进入到系统的中心。除此之外，福利经济学采用了主体间的方法。哈贝马斯以客观的方式审视系统满足效用标准的能力，而福利经济学却以系统满足参与者的主观偏好的能力为依据做出评判。福利经济学对主观偏好进行合计，以确定生产出来的商品和服务是否使消费者的利益最大化。此时，效率问题增添了一重规范性的维度，它表现为"市场乐观者"与"市场悲观者"之间的辩论。前者认为，"市场失灵"的风险极低，国家干预只有在一定限度内才是正当的；而后者认为，"失灵"的风险极高，我们需要更高程度的国家干预。但这场辩争最终指向的是，系统以最优的方式使用经济资源的能力，特别是使用劳动的能力。正因如此，20世纪30年代的那场经济大萧条不仅影响了经济理论，还影响了经济政策。

由于大萧条，政治光谱的两端都倒向了国家管制。社会主义者和法西斯主义者都同意，经济需要更大程度上的政府干预才能克服其内在的不稳定性。而这促使着福利经济学以约翰·梅纳德·凯恩斯的《利息、就业和货币通论》（Keynes，1936）为范本开展剧烈变革。在《通论》中，凯恩斯试图超越新古典主义经济学，更全面地列出"市场失灵"的表现，但在他看来，这些"市场失灵"所需要的救济措施却没有社会主义者或法西斯倡导的激进。虽然凯恩斯以乐于思索"投资的完全社会化"而著名，但是他却希望，充分就业可以仅凭需求管理政策来实现。（Keynes 1936，p. 378）

然而，直到第二次世界大战爆发时，"凯恩斯主义经济学"才被广泛接受，为实现一系列宏观经济的关键目标而进行的国家干预取得了正当性。福利经济学不再满足于作为实证经济学的陪衬，而是宣称它具备"一般理论"的全面性，承担起管理整个系统的任务。在展现出大规模的国家干预能够克服市场的缺陷后，伴随第二次世界大战应运而生的社会政策似乎证明了凯恩斯的正确性。这给予了人们新的信心，使其相信国家有能力以一种有道德责任感的方式调节经济。为此，西方国家背负起责任，以确保诸如充分就业、低通货膨胀率和稳定增长等关键政策目标，都能借助需求管理技术得以实现。这一策略的核心在于劳动者的福利，因为劳动者的就业情况是经济健康发展的唯一基础。在这一意义上，凯恩斯对充分就业的强调，标志着他承认工人运动在促使工人待遇成为政治议程中的主要议题的作用，进而从中产生出一种新的、尽管如今看来也相当脆弱的利益共同体。其中一方是商业共同体，其主要关切的是经济的稳定性和生产力的增长；另一方是工人运动，其关注点在于更高的薪酬和更好的工作条件。在其鼎盛时期，社会民主主义解决方案（后来被称为社会民主解决方案）将劳动福利与制度福利等同起来。因此，福利国家崛起了，它将工人的"物质"关切与经济的"再道德化"相结合。福利国家理论的巅峰是马歇尔（T. H. Marshall）有关社会公民权的著作。

如前所述，马歇尔认为，公民权的发展经历了三个阶段：个人主体的"民事权利"，民主行动者的"政治权利"，以及"充分享受社会遗产的权利和按照社会通行标准享受文明生活的权利"（Marshall 1973，p. 72）。霍耐特未能将这些"社会团结"的新形式与工人将系统"再道德化"的斗争联系起来。与霍耐特不同，马歇尔明确地阐述了后者与福利国家悬置以市场为基础的"价值"形式的能力之间的关系。为此，马歇尔把工人的劳动去商品化的斗争和福利国家的价值去市场化的能力关联了起来。为了消除他所说的"资本主义市场体系中反社会的因素"，马歇尔呼吁国家将系统"再道德化"。（Marshall 1973，p. 135）"现代形式的社会权利隐含着地位对契约的干预，市场价格对社会正义的从属，权利宣言对自由谈判的取代"（Marshall 1973，p. 111）。这反过来催生了一种新的价值观念，它逐渐以"福利价值"取代了"市场"。在这一基础上，马歇尔提出，"福利价值""不是在市场中被客观地当作商品来评估，也不是在使用中作为一件物品被主观地评估，而是作为一件以用途为其目的的物，可以被归类，并以同种类的其他物为参照来衡量其价值"（Marshall 1973，p. 116）。此外，作为替代性概念的"福利价值"，与福利国家干预市场的能力及其执行市场的某些重要职能的能力密切相关。[①]（Marshall 1973，p. 107）因此，"福利价值"的扩大使得资本主义"产权"的"私有"领域对"公民权利"的"公共"世界负起责任。

马歇尔有关经济学的著作诞生于他在更深度的国家干预背景下对价值关系的反思。在这一过程中，他站在了与齐美尔相似的立场上，因为他认为，市场价值在结合系统的客观价值与参与者的主观价值的同时，也在分裂着二者。结果，国家介入经济资源配置中的程度越深，"福利价值"就越会成为一个主体间的领域，在其中，"市场价值"的客观方面和主观方面得到了调和。这表明，一个实质性的"公共领域"的形成需要逐渐扬弃"市民社会"及其主体-客体的二律背反。也就是说，构建一个规范性的"公共领域"的前提是，"市民社会"的部分"社会化"及其自我生成力量的相应减弱。这一主体间领域的实质性——马歇尔的"社会公民权"便内嵌其中——来自它依照福利标准执行经济功能的能力。马歇尔认为，参与者以这种方式取得了一种民主控制手段，控制了系统在他们之外独立运作的能力。

然而，正如巴里·海因德斯（Barry Hindess，1993）所说，马歇尔对福利国家及其民主内涵的论述过为温和，忽视了福利国家在系统的再生产中所发挥的作用。这在马克思的说法中是资本对劳动的支配，而在韦伯的表述中是行政的"铁笼"对人性的宰制。（Barry Hindess，1993）这一点与哈贝马斯的观点相呼应，即福利国家的作用在于"安抚"工人阶级，并且将生活世界"科层化"。在这一基础上，哈贝马斯尝试纠正他对系统清除生活世界的规范能力所做的辩护，进而批判了国家取消公民的个人自主性的能力。

[①] 虽然，马歇尔坚持以"本质上的利他性"来形容福利决策，就好像福利决策存在于抽象之中，与其所伸张的"物质"利益无关。

重新思考福利国家

在《公共领域的结构转型》中，哈贝马斯提出，福利国家的出现与理性话语的"衰落"是紧密相连的。(Habermas 1989b, pp. 232 - 235) 哈贝马斯并不认为福利国家的诞生是"从底层"爆发的、以赋予现代性的规范性内涵以实质为目的的斗争的表现，而是将其与系统"中介"生活世界的能力关联起来。① 尽管哈贝马斯宣称，他不再认为"平民公共领域"的存在无足轻重 (Habermas 1992b, pp. 426 - 427)，但是他却进一步巩固了福利改革与生活世界"科层化"之间的内在关联。(Habermas 1992b, p. 436)

为此，哈贝马斯提出，福利国家是一个"两难"的结构，它既保证了自由，又夺走了自由。(Habermas 1987a, p. 361) 哈贝马斯围绕"法制化"（Verrechtlichung）的过程将这种矛盾性理论化了。在"法制化"的过程中，国家一方面起到了缓冲作用，使公民免受变化无常的市场力量的伤害；另一方面，国家将公民转变成了"福利国家官僚机构的委托人"（Habermas 1987a, p. 361）。因此，虽然福利国家管控着私人资本对劳动的使用，但是它也将公民转变成了官僚机构的委托人。法制化意味着生活世界中核心领域的科层化和货币化。结果，当福利国家将"委托人关系织成的网撒向"更多的"私人生活领域"，人们预料中的法制化将带来病态的副作用就会更加剧烈。(Habermas 1987a, p. 364) 换言之，虽然哈贝马斯承认，福利国家保护工人不受私人资本的支配，但他的意图却更在于强调福利国家将私人生活科层化的能力。

尽管哈贝马斯在其晚近的著作中反复提及福利国家的"赋权与监管的辩证法"（Habermas 1996, p. 433），但是福利国家的解放性却局限于，为促进个体自主性而进行的物质资源再分配。于马歇尔而言，福利国家创造出了一种集体的自我建构，而哈贝马斯却认为，"福利国家的法律范式所指向的，只是社会所

---

① 卡尔洪（Calhoun）批评哈贝马斯未能指出"资产阶级公共领域的方方面面都渗透着下层的要求，其表现形式不仅包括对更大的包容性的呼吁，也包括更基础性的挑战以及新问题议程的推进"。

创造的生活机遇公平分配的问题"（Habermas 1996，p. 418）。在这一意义上，只有当福利国家满足了"行使个体自由的平等机会所需要的物质前提"时，它才具有合法性。（Habermas 1996，p. 416）哈贝马斯表示，福利国家关注分配的正义，而忽视了更为重要的程序正义。他援引了艾里斯·玛丽恩·扬的著作，以便为他的观点提供"女性主义"的支持。

在扬的观点中，分配正义"阻碍了政治想象，使其无法构想出更具解放性的制度和实践"（Young 1990，p. 75）。为了解决这个问题，扬提出，"有关正义的理论应该对'分配'概念做出明确的界定，将其限制在诸如物品、自然资源或货币这样的物质资料的范围内"（Young 1990，p. 33）。然而，这个观点却假定货币是一种"物质资料"或"物品"，而不是像马克思所说的，货币本身就是一种社会关系。正如温菲尔德所说，"若公民要正义地生活，经济关系是其必须参与的规范性社会结构这一前提性观点，并不为现代理论所广泛接受。相反，相当数量的现代思想家拒斥经济关系具有社会性质的这一观点，不承认经济关系具有任何规范性内涵"（Winfifield 1991，p. 228）。如此看来，扬和哈贝马斯都无视经济的内部运作，而更倾向于形式化的民主程序。

然而，仔细考察之下，扬的著作并不符合哈贝马斯的描述，即"一个拒斥福利范式的女性主义法律理论"（Habermas 1996，p. 419）。正好相反，虽然扬认为福利国家"把商谈限制在分配问题的范围内，导致了公共生活的去政治化"（Young 1990，p. 98），但是她也承认，福利国家"创造出了一种通过更加政治化的手段来满足需求的可能性"（Young 1990，pp. 86 - 87）。扬表示，福利国家实现这一结果的手段是，促使"社会成员以合乎道义的方式分配""财富、收入和其他物质资源"，以及"诸如权利、机遇、权力和自尊等非物质资料"（Young 1990，p. 16）。扬随即对哈贝马斯将"人民主权"概念限制在交往行为场域内的做法产生了质疑。她的理由是，"经济的平等化和民主化……相互促进，而且应当同时存在，以进一步提升社会正义"（Young 1990，p. 94）。① 哈贝马斯对福利国家施加在"私人自主权"之上的"法制化"效应充满忧虑，而扬

---

① 哈贝马斯明确指出，民主运动"必须放弃对一个总体上自我组织的社会的向往……"

凭借对于经济系统作用在"公共自主权"之上的反民主效应，进一步对其做出了回应。因此，扬提出了一个与哈贝马斯明显相反的观点，即"民主的工作场所和民主的政府是互相促进的"（Young 1990，p. 223）。

扬认为，福利国家的作用远远不止通过经济资源的再分配来确保个体的自主性，它还促使经济对参与者集体表达出的目的做出响应，以扩大民主的自我治理。因此，我们需要就福利国家的"两难"提出更为细致的理论，承认福利国家既是社会斗争的场域，也是其资源。这意味着区分福利国家的两种职能，其一是表达工人集体决定的目的，其二是稳固资本积累的条件。正如让·科恩（Jean Cohen）所说：

> 假定所有的福利国家改革都有相同的结构或者逻辑……极具误导性。法律改革保证工薪劳动者能够自由地组织工会和集体谈判，保护他们不会因为这样的集体行动而遭到解雇，确保工人在公司董事会拥有代表。这当然与对单亲家庭发放的经济困难补助，"指导"客户如何按照预设的模式成为合格的幼儿养育者，以及负责任的供养人的社会服务在性质上是不同的。（Cohen 1995，pp. 73 - 74）

虽然哈贝马斯正确地指出公共自主权建立在私人自主权的基础上，但是他却错误地轻视了福利国家在促进工薪劳动者的公共自主权方面所发挥的作用。虽然我们不该对福利国家抱有空想，却应当承认，福利国家一定程度上将现代性的规范性内涵制度化了，这与哈贝马斯将批判理论从其前辈单向度的视角中挽救出来的意图是一致的。在科恩的表述中，这意味着承认福利改革"为个体赋权，让他们能够集体行动，形成新的团结关系，在权力关系中实现更好的平衡"（Cohen 1995，p. 74），这主要是因为"这些改革在经济子系统中营造出'受体'，使其更容易受到市民社会中的规范和行为方式的影响……"（Cohen 1995，p. 74）只可惜，当哈贝马斯竭力让交往行为成为"人民主权"唯一可行的载体时，他抛弃了支撑着"公共领域"的集体的自我建构形式。

鉴于新右派试图让福利国家服从于系统自我生成的运作方式，这种失策格外具有危害性。哈贝马斯过于强调福利国家的规训功能而忽视了其解放性。乐观而言，这削弱了福利国家的规范基础，使其无法抵御新自由主义的攻势；悲观来看，这让哈贝马斯站在新右派的阵营中，迎合了福利国家压制私人自主权的观点。因此，我们有必要从更深的层面理解福利国家的"两难"——福利国家有能力抵消系统所特有的失灵问题，却要付出将经济决策"政治化"的代价。本哈比以这样的方式阐释了哈贝马斯较早提出的、更具激进性的"合法性危机"这一概念：

> 这种两难的困境是为了弥补资本主义对经济的持续性控制所造成的导向问题，国家不得不逐渐变得更为主动。但是国家的主动性却引发了对合法性的进一步需求，国家及其诸机构承受着更大的压力，需为其行为的原因和逻辑做出公开的解释。而这些过程反过来又会导致资本的神秘化。
> (Benhabib 1986，p. 235)

从这一角度而言，新右派的崛起可以说是蓄意的图谋，其目的是取消生活世界将系统嵌入伦理义务之网的能力，且促使社会关系再市场化，以增加经济不确定性的代价换取"资本的复魅"。

社会民主主义的困境可以通过如下方式予以说明：福利国家越多地干预经济，经济就越会创造出反抗福利国家的主体间条件；福利国家越少地干预经济，经济就越趋向于"市场失灵"。福利国家减轻了原子化的个体对规训性的市场力量之网的依赖，它以这种方式促进了社会运动对现代性的规范性内涵的救赎，无论其表现为工会斗争、新社会运动还是学生激进主义（Scott 1992）。[①] 正是在这一意义上，琼斯和诺瓦克才提出："在人们眼中，问题并不在于福利的经济成本……而在于其政治结果。普通民众的自信心增强，期望也越来越高，他们要求得到作为人的体面待遇，获取权利、合理的收入和他们所创造的财富……"（Jones and Novak 1999，p. 32）

---

① 虽然新社会运动（New Social Movements）是传统工人阶级政治的替代性选择，但是后者在体制层面上的成果为前者的发展提供了社会基础。

新右派与价值的去规范化

新右派策略的核心是个人所得税的削减政策。这一政策的作用是在削弱国家干预经济的能力的同时，增强个体行使其"消费者主权"的能力。为了实现这一目的，新右派力图将传统的社会网络——在其中，个体被视为租户、学生、乘客、领取养老金者、病患等等——替换为个体作为"消费者"的市场网络（Saunders 1993），而"消费者"则越发需要自己谋求住房、教育、交通、福利和医疗需求的满足。

这种社会政策的转变，伴随着"战后繁荣"的崩解和工会斗争的潮涌。这使得商业共同体中有影响力的群体，将社会民主主义视为经济动荡的催化剂，而不是其预防措施。新右派愈发相信市场有能力实现经济的平稳，并提出经济问题的出现是由于国家干预过度，而不是因为国家干预不足。于是，新右派打着"货币主义"的旗号，试图恢复货币以一种"非规范性"的方式引导经济的能力。① 这一策略是成功的，因为它削弱了主体间领域使经济服从于"人民主权"的能力。在这一意义上，哈贝马斯理论中孱弱的主体间性（以及与其相对应的强大的系统）见证了劳工运动在 20 世纪 70 年代所遭遇的失败。在美国、澳大利亚、英国、加拿大和新西兰这些以英语为通用语言的经济体中，失败最为惨烈。在这些经济体中，战后的正统经济观念被推翻，"供给"学派得到推崇。这些国家政府或多或少地受到新右派影响，拒斥了凯恩斯在"市场失灵"的基础上为国家干预所做的辩护，而更加信服新右派基于"国家失灵"的概念对无所阻碍的自由市场的提倡。② （Hutton 1996）结果，当失业的浪潮席卷了英国的 300 万人时，自由市场政策、不利于工会的立法和工人运动的失败（尤其是 1984—1985 年间的矿工罢工运动）三者结合起来，削弱了有组织的工人阶级

---

① 安德鲁·甘布尔（Andrew Gamble）提示我们，以这种激进的方式将经济再度市场化需要一个强大的国家来压制异见，并对这种策略所引发的社会问题（比如犯罪率升高）采取措施。

② 在德国，商业领域中有影响力的部门直到最近才开始倾向于美国的自由市场模式，认为"股东价值"（share-holder value）的利好大于社会整合和共识政治的益处。

捍卫其借助福利国家强加在（私人）资本之上的（公共）义务的能力。

　　为了推进这些目标的实现，从 1979 年到 1997 年的历届保守党政府继续施行了一系列政策，从国有企业的私有化到金融服务的放松管制都包括在内。这些政策的制定目的在于，将市场从第二次世界大战以来便笼罩其上的规范性义务之网中解放出来。（Gamble 1994）而这一切又引发了意识形态的转变。人们不再认为在自由市场体系的风险面前，公民应当得到集体性的保护，而是转而信奉个体有责任自行抵御这些风险。在新自由主义的作为守夜人的国家中，只有最贫困的群体才有可能在市场力量导致的紧急状况中得到救济，而救济的程度之浅只能吸引最为困顿之人。因此，公共部门的衰落不仅增强了市场（无形）之手的力量，而且促进了社会供给的私有化。如卡沃拉克斯（Kavoulakos）所说，如果扩展视野，把欧洲也包含到这幅图景内，"工会反抗力量的削弱或者国家对工会的有效控制，是私有化的施行、福利国家的崩解和劳动市场的去管制的根本性前提"（Kavoulakos 1999, p. 39）。在这种情况下，问题并不在于生活世界的技术化，而在于其资本化：参与者曾奋起斗争，建立起保护性救济措施与福利性团结关系，以抵御增殖的无情逻辑，但这些都遭到了摧毁。

　　这一切也为经济蒙上了一层自然主义的伪装，而这并不是新右派政策刻意谋划的结果。相反，这正是新右派政策存在的理由（raison d'être）。新右派使得市场越来越深入地渗透到社会生活的肌理之中，试图瓦解以公民的利益之名进行集体决策的可能性。这呼应了撒切尔的断言，即"没有社会，只有个体和他们的家庭"。在这一意义上，新右派最主要的"功绩"在于经济的再自然化，将经济从公共话语的领域排除出去。而哈贝马斯将系统描述为"非规范性"事实，受到"功能理性"准则的支配，这体现出了这种观点对批判理论的"殖民"。

　　新自由主义思想回潮所带来的影响是剧烈的，特别是就 20 世纪 60 年代的"反文化"而言。20 世纪 60 年代的激进冲动被引向了文化斗争。乐观的情况下，文化斗争认为系统是进行再分配斗争的场所；而悲观的情况下，它却将系统视为现代性无法规避的后果。"嬉皮世代"的"能够做到"哲学中天真的乐观主义，已经被"X 世代"愤世嫉俗的悲观主义所取代。人们不再相信社会有能力为公共问题提供集体性的解决措施，转而认为个体必须为私人问题寻求独自解决之法。"旧左派"中的许多人倾向于抛弃"宏大叙事"的"恐怖主义"也印证了这一点（Lyotard 1984），他们更乐于接受局部的、边缘的、象征的叙事——而这在现代最为强大、统一而自信的统治性意识形态的回潮面前，显得不堪一击。

然而，原子化的个体在主体之间结成同盟的能力，仍旧从新的、难以预料的群体中涌现出来，以对抗系统对社会关系的"去规范化"。1999 年末发生在西雅图的反世界贸易组织示威游行，向我们展现出一种新的挑战全球资本主义规则的意愿，而欧洲消费者对转基因生物的抵制也证明消费者拥有力量，以抵抗跨国公司以逐利为目的的谄媚，即便这些公司受到了国家政府的支持（比如在英国）。虽然我们很容易对资本凌驾于各个国家的社会规制之上的能力采取听天由命的态度，但全球化的进程却使得系统愈发容易受到世界金融危机和规范性抵制的影响。（Soros 1998）如今，"混合制经济"的神话已经消解，资本主义的本质赤裸裸地显露出来。这便是"合法性危机"产生的原因，而哈贝马斯则致力于代替系统解决这一危机。然而，批判理论不应抛弃它对始终处于沉浮变换之中的经济系统的传统立场，因为经济系统迫使全人类服从于其"非规范性"律令。相反地，批判理论的任务始终应该是，支持社会运动将经济引向承担民主责任的斗争。这主要是因为，我们无法确保正在形成的世界秩序是稳定或长久的。

结　语

如今正值多事之秋，恰是反思批判理论基础之时。诚然，只要批判理论的基础与其所试图批判的社会条件是共谋关系，反思便是必然。任何将现代性的规范性内涵锚定在"哲学人类学"之中的尝试，无论是劳动、"交往行为"还是相互承认，都违背了自主性的精神，而这一精神正是现代性的规范性内涵之根基。因此，批判理论在一种固有的"社会本体论"中寻找某种未受妨害的主体（间）性的尝试，并不是诊断现代性之"病理"的方法，而是病理的表征。无论这一事业背后的动机有多么良善，它却站在了与现代性的规范性内涵相悖的立场上批判现代性。

虽然我们乐于见到哈贝马斯的"规范性转向"，但是批判理论却不能在"交往行为"处止步不前。"交往行为"超验形式的强大并不能弥补其经验内容的疲软。只有某种实质性的"实践理性"才能打破系统对主体间性的物化。这意味着，从理论的角度而言，我们要将哈贝马斯理论中孱弱的"伦理生活"延伸至经济系统，将马克思以主体为中心的自我建构论替换为主体间的自我建构论。

在这一意义上，"伦理生活"在系统中既是缺席的，也是在场的——之所以缺席，是因为策略行动者将外部的经济环境理解为一个具有"自然法则"的客观实体；之所以在场，是因为经济植根于由参与者的评价所体现出的价值关系中。这些价值判断以"外在的"、货币的形式呈现出来，将参与者贬抑为策略行动者。这一事实的结果是社会价值分配的物化、社会义务承担的物化、社会身份建构的物化。但是，即便不借助于劳动价值理论，我们仍有可能从行为主体的角度出发提出一种系统论，它的基础是参与者在主体间建构社会关系的能力。前提是，我们要承认这一观点既与道德相关，也与认识论相关，承认它扎根于以自我建构为主体间性内核的"伦理生活"之中。

哈贝马斯试图找出将系统的"功能"与生活世界的"功能"分隔开来的界线，并提出，现代的"病症"产生自两方中的一方对另一方合法领域的侵犯。而上述的"伦理生活"论与他背道而驰。当用以划定两方合法边界的"理性"基础并不存在时，主体间性的物化程度由实践判断和社会斗争来决定。"社会病理"同参与者在主体间形成的观点紧密相关。批判理论不应指望个体通过扬弃物质利益来获得道德身份，而是应当关注个体在现代性的个体化力量面前是如何塑造新的社会身份的。（Beck 1992）请允许我重申，"伦理生活"的复归不能通过超越社会关系来实现，而是要改造它，让它符合参与者凭借规范所确立的目的。

对此，我的选择是强调工人斗争对于塑造新的主体间性的重要意义——它使得资本的私人目的对公民的公共福利负起责任。其中缘由是，工人运动通过将经济行动者"社会化"而创造出了一种全面的"伦理生活"，它能够实现黑格尔所说的系统的"再内化"。劳工运动在行动者与其异化的社会关系之间架起一座规范性的桥梁，描绘出一幅"未受损害的主体间性"的愿景——它并非来源于劳动的内在属性、以相互理解或相互承认为目的的语言，而是来源于参与者以集体之力为兑现现代性的规范性内容所做的斗争。这项事业曾一度以社会主义之名为人们所熟知。

然而，南希·弗雷泽认为，我们如今生活在一种"'后社会主义'境况"中，"承认的文化政治与再分配的社会政治的普遍脱嵌"便是其显证。（Fraser 1997，p.3）弗雷泽对这一境况的补救方案是，"提出一个批判的承认理论，（它要有能力）在承认差异的要求之中，区分推进社会平等事业的要求和阻碍或损害社会平等事业的要求"（Fraser 1997，p.3）。我并无意否认这一任务的重要性，但我却认为，它若不顾及作为批判理论之内核的自我建构精神，便绝无可能实现。若没有自我建构精神作为基石，"承认政治"与"再分配政治"之间便会出现人为的割裂。弗雷泽曾说，经济的非正义性首先是分配问题，正是这种

割裂的例证。(Fraser 1997, p. 17)

　　我的观点是，经济不仅仅是社会承认的分配者，还是对自我建构的僭越。虽然我同意弗雷泽的观点，相信政治变革的救赎潜能，但是我认为再分配/承认的分歧是政治变革当下的软弱性表征。所谓"'后社会主义'境况"的标志是社会斗争的分裂，因此，任何一个反抗社会轴心压迫的政治活动都可能与其他社会轴心之间产生冲突。(Jordan 1994) 针对这一情况，一种可行的解决措施是，在这些形式各异的压迫之中找到某个共同的成因。但是，将各种压迫的根源归结于资本的经济需要的日子却一去不返了。不过，我们可以说，是新自由资本主义的胜利导致了如今的境况，社会差异变成了滋生社会不宽容的温床，这一观点看似更为可信。"为承认而斗争"与"为再分配而斗争"之间的关联，是由"为伦理自主性而斗争"所维系，这与拉克劳与墨菲以"激进民主"概念为核心重新将左翼团结起来的策略相似。(Laclau and Mouffe 1985) 二者都试图扩大主体间的领域，让更为"人道主义"的未来抵抗涡轮资本主义所预示的反乌托邦景象。如 20 世纪 60 年代的运动所揭示的，正是大量的社会运动创造出了使新的（现代）存在方式成为可能的主体间条件，进而绕开系统所划定的服从的道路。在各种替代性社会的涌流中，自我建构的规范性承诺在主体之间被看作是一项公共的事业，为系统霸权之下的诸多形式的社会压迫所共有。

　　然而，由于社会主义价值观在生活世界中已经失去了立足之地，批判理论便必须承担起责任，在资本主义的"现实主义"论和对资本主义的"乌托邦主义"批判之间开辟一条道路。关键在于，批判理论既不能屈从于全球资本主义的事实性，也不能从超验的立场出发证明资本主义的一无是处。马克思主义或许过于"乌托邦主义"（甚至是反乌托邦主义），但当代批判理论却过于"现实主义"。因此，我们需要将二者糅合起来，既不向现存的权力结构屈服，同时也承认支撑着权力结构批判的社会资源业已竭尽。为此，我提出：系统是一种物化的主体间性，与它相对的是仅限于以现代性的规范性内容为基础的、抵抗着系统的"非规范性"控制的主体间性形式。所以，只有以现实主义的眼光评判批判理论的主体间性基础，我们才有可能保留系统所做出的乌托邦主义承诺，即民主的复归。批判社会理论的有效性取决于支撑着它的批判社会实践的可行性。

因此，我们不应该如马克思一般，在主体性的高光时刻中寻求自我建构精神，他认为主体性从它与自然的代谢交换中生产出了社会关系的客观形式；也不应该如哈贝马斯一般，在以理解为目的的语言的封闭空间中寻求；更不应该如霍耐特一般，在一种构成人类自主性之基础的社会承认的本体论中寻求。自我建构的精神必须在以救赎现代性的规范性内容为目的、为自我维系而斗争的社会运动中寻求。因此，我尝试描画出一条发展路径，从启蒙运动的伦理前提出发，到工人以道德限制系统的斗争为止。

虽然我赞许哈贝马斯为克服马克思主义以主体为中心的缺陷而做出的尝试，但是我却并不认为哈贝马斯理论中孱弱的主体间性与现代性的规范性内容相符合。诚然，当哈贝马斯将系统与生活世界的分割视为现代理性的条件时，他认可了系统对劳动造成的"伤害"。哈贝马斯将劳动的"去规范化"归结为现代性的理性结果，因而将剥夺工人自我建构"权利"的行为合理化了。我并不认为，系统的客观性是其将"工具理性"或"功能理性"制度化的能力的必然结果。系统的客观性应该是其将主体间性分裂为客观部分与主观部分的能力的偶然结果。在这一意义上，系统"超出"生活世界的程度，最终是由系统化和民主化之间的力量平衡所决定，由一种赋予自我生成的系统以自主性的分裂的自我建构，以及系统中以策略为导向的行动者，与赋予在主体之间达成和解的参与者以自主性的规范性自我建构之间的力量平衡所决定。

与此同时，系统从生活世界中脱离出来的能力是有限度的。因此，资本主义仍是一个两难的结构，一方面强烈地想要从生活世界强加于它的规范性约束之下挣脱出来，另一方面又需要借助于这些规范性约束——尤其是在经济动荡之时——它所付出的代价是助长了对抗它摇摇欲坠的结构的民主力量。这一两难的困境为批判理论的诞生创造了条件。正如马克思所说，系统在经济危机面前之所以脆弱，是因为它压制了参与者的民主诉求。然而，这却超出了"合法化危机"的范畴，因为它触及了系统以自我创生的方式完成自我再生产的能力之核心。但是，若要夺回 20 世纪 80 年代以来批判社会实践所占据的领域，并不能指望经济危机的发生——尽管系统越是摆脱生活世界的稳定机制，经济危机就越有可能发生。正好相反，批判理论的任务仍是以现代性的规范性内容为依据，阐明集体对系统的回应。

如果批判理论要证明自己足以胜任这一任务，它必须沿着主体间性和实质性的路径被重新构想。对此，我的目标既微小也宏大——之所以微小，是因为我想要围绕主体间性的扩张，重新思考社会斗争；之所以宏大，是因为我想要拓宽主体间性的范围，使其包含马克思劳动理论下的自我建构。在这一方面，我的目标是超越工作与交往、物质与道德、系统与生活世界、再分配与承认之间刻板的对立，而拥抱一个能够将自我建构从系统自我生成律令的禁锢下解放出来的、全面的批判理论。

参考文献

Abbinnett, R. *Truth and Social Science* (London, Sage, 1998).

Adorno, T. and Horkheimer, M. *Dialectic of Enlightenment* (London, Verso, 1972).

Aglietta, M. *A Theory of Capitalist Regulation* (London, New Left Books, 1979).

Althusser, L. *Lenin and Philosophy* (London, Monthly Review Press, 1971).

Althusser, L. *For Marx* (London, Verso, 1977).

Althusser, L. and Balibar, E. *Reading Capital* (London, Verso, 1979).

Apel, K. 'The Problem of Philosophical Foundation', in *After Philosophy*, edited by K. Baines, J. Bohman and T. McCarthy (Cambridge, Massachusetts, MIT Press, 1987).

Arendt, H. *The Human Condition* (London, Chicago Press, 1958).

Arnold, S. N. *Marx's Radical Critique of Capitalist Society* (Oxford, Oxford University Press, 1990).

Arthur, C. 'Objectifification and Alienation in Marx and Hegel', *Radical Philosophy*, No. 30 (1982).

Arthur, C. *Dialectic of Labour* (Oxford, Basil Blackwell, 1986).

Baudrillard, J. *The Mirror of Production* (St Louis, Telos, 1975).

Baudrillard, J. *Selected Writings*, edited by M. Poster (Cambridge, Polity Press, 1988).

Baudrillard, J. *Symbolic Exchange and Death* (London, Sage, 1993).

Beck, U. *Risk Society* (London, Sage, 1992).

Begg, D. et al. *Economics* (London, McGraw-Hill Book Company, 1984).

Beilharz, P. 'Negation and Ambivalence, Marx, Simmel and Bolshevism on Money', *Thesis Eleven*, No. 47 (1996).

Benhabib, S. *Critique, Norm and Utopia* (New York, Columbia University Press, 1986).

Benhabib, S. *Situating the Self* (Cambridge, Polity Press, 1992).

Berch, B. 'Wages and Labour', in *Economics An Anti-Text*, edited by Frances Green and Peter Nore (London, Macmillan, 1977).

Berger, J. 'The Linguistifification of the Sacred and the Delinguistifification of the Economy', in *Communicative Action*, edited by A. Honneth and H. Joas (Cambridge, Polity Press, 1991).

Berger, P. and Pulberg, S. 'Reification and the Sociological Critique of Consciousness', *New Left Review*, No. 35 (1966).

Berman, M. *All That is Solid Melts into Air* (Verso, London, 1983).

Bernstein, J. *Recovering Ethical Life* (London, Routledge, 1995).

Bohman, J. 'Critical Theory and Democracy', in D. M. Rasmussen (ed.) *The Handbook of Critical Theory* (Oxford, Blackwell, 1996).

Böhm-Bawerk, E. *Karl Marx and the Close of his System* (Philadelphia, Orion Editions, 1984).

Booth, W. J. 'The Limits of Autonomy, Karl Marx's Kant Critique', in *Kant and Political Philosophy*, edited by R. Beiner *et al.* (New Haven, Yale University Press, 1993).

Bourdieu, P. *Outlines of a Theory of Practic* (Cambridge, Cambridge University Press, 1977).

Bowie, A. *Aesthetics and Subjectivity* (Manchester, Manchester University Press, 1990).

Bowles, S. and Gintis, H. *Democracy and Capitalism* (London, Routledge, 1986).

Braverman, H. *Labor and Monopoly Capitalism* (New York, Monthly Review Press, 1974).

Brewster, B. 'Comment' on 'Reifification and the Sociological Critique of Consciousness', *New Left Review*, No. 35 (1966).

Brod, H. *Hegel's Philosophy of Politics* (Oxford, Westview Press, 1992).

Bronner, E. S. *Of Critical Theory and its Theorists* (Oxford, Blackwell, 1994).

Burawoy, M. *The Politics of Production* (London, Verso, 1985).

Calhoun, C. 'Introduction, Habermas and the Public Sphere', in *Habermas and the Public Sphere*, edited by C. Calhoun (London, MIT Press, 1992).

Clarke, S. *Marx, Marginalism and Modern Sociology* (London, Macmillan, 1982).

Cleaver, H. 'The Subversion of Money-as-Command in the Current Crisis', in *Global Capital, National State and the Politics of Money*, edited by W. Bonefeld and J. Holloway (London, Macmillan, 1995).

Cohen, G. A. *History, Labour and Freedom* (Cambridge, Cambridge University Press, 1988a).

Cohen, G. A. *Self-Ownership, Freedom and Equality* (Oxford, Clarendon Press, 1988b).

Cohen, J. 'Critical Social Theory and Feminist Critiques: The Debate with Jürgen Habermas', in *Feminists Read Habermas*, edited by J. Meehan (London, Routledge, 1995).

Cohen, J. and Arato, A. 'Politics and the Reconstruction of the Concept of Civil Society', in *Cultural-Political Interventions in the Unfifinished Project of*

Lippi, M. *Value and Naturalism in Marx* (London, New Left Books, 1979).

Luhmann, N. *Social Systems* (California, Stanford University Press, 1995).

Lukács, G. 'Reification and the Consciousness of the Proletariat', in *History and Class Consciousness* (London, Merlin Press, 1971a).

Lukács, G. *The Young Hegel* (London, Merlin Press, 1971b).

Lukács, G. *Der junge Hegel Band* 1 (Frankfurt am Main, Suhrkamp, 1973a).

Lukács, G. *Der junge Hegel Band* 2 (Frankfurt am Main, Suhrkamp, 1973b).

Lukács, G. *The Ontology of Social Being* 3: *Labour* (London, Merlin Press, 1980).

Lukes, S. *Marxism and Morality* (Oxford, Oxford University Press, 1985).

Lyotard, J. *The Postmodern Condition* (Manchester, Manchester University Press, 1984).

Mandel, E. 'Introduction' to *Capital Vol. I* (Harmondsworth, Penguin, 1976).

Marcuse, H. *One Dimensional Man* (London, Abacus, 1972).

Marcuse, H. *Negations, Essays in Critical Theory* (London, Free Association Books, 1988).

Marshall, T. H. *Class Citizenship and Social Development* (Connecticut, Greenwood Press, 1973).

Marx, K. and Engels, F. *The Manifesto of the Communist Party* (London, Lawrence and Wishart, 1952).

Marx, K. *Capital Volume I* (London, Lawrence & Wishart, 1954).

Marx, K. *Das Kapital Volume I* (Berlin, Dietz-Verlag, 1962).

Marx, K. *Theories of Surplus Value Volume I* (London, Lawrence and Wishart, 1967).

Marx, K. 'Critique of the Gotha Programme', in *Marx and Engels Selected Works in One Volume* (London, Lawrence and Wishart, 1968).

Marx, K. and Engels, F. *The German Ideology* (London, Lawrence and Wishart, 1970a).

Marx, K. *Theories of Surplus Value Volume II* (London, Lawrence and Wishart, 1970b).

Marx, K. *A Contribution to the Critique of Political Economy* (London, Lawrence and Wishart, 1970c).

Marx, K. *Theories of Surplus Value Volume III* (London, Lawrence and Wishart, 1972).

Marx, K. *Grundrisse* (Harmondsworth, Penguin, 1973).

Marx, K. *The First International and After* (Harmondsworth, Penguin, 1974).

Marx, K. *Early Writings* (Harmondsworth, Penguin, 1975).

Marx, Karl. *Capital Volume I* (Harmondsworth, Penguin, 1976).

Marx, K. *Capital Volume II* (Harmondsworth, Penguin, 1978).

Marx, K. *Capital Volume III* (Harmondsworth, Penguin, 1981).

McCarney, J. 'Marx and Justice Again', *New Left Review*, No. 195 (1992).

McCarthy, T. *The Critical Theory of Jürgen Habermas* (Cambridge, Polity Press, 1978).

McCarthy, T. 'Introduction' to *Moral Consciousness and Communicative Action* (Cambridge, Polity Press, 1990).

McCarthy, T. 'Systems Theory, Complexity and Democracy', in *Communicative Action*, edited by A. Honneth and H. Joas (Cambridge, Polity Press, 1991).

McNally, D. *Political Economy and the Rise of Capitalism* (Berkeley, University of California Press, 1988).

Enlightenment, edited by A. Honneth, T. McCarthy, C. Offe and A. Wellmer (Cambridge, Massachusetts, MIT Press, 1992).

Crook, S. *Modernist Radicalism and its Aftermath* (London, Routledge, 1991).

Crossley, N. *Intersubjectivity: The Fabric of Social Becoming* (London, Sage, 1996).

Cutler, A. , Hindess, B. , Hirst, P. and Hussain, A. *Marx's Capital and Capitalism Today* (London, Routledge, 1977).

Dallmayr, F. R. *G. W. F. Hegel Modernity and Politics* (London, Sage, 1993).

De Vroey, M. 'Marxian Value Theory', *Capital and Class*, No. 17 (1982).

Derrida, J. *Of Grammatology* (London, Johns Hopkins University Press, 1974).

Derrida, J. *Spectres of Marx* (London, Routledge, 1994).

Descartes, R. *Discourse on Method and the Meditations* (London, Penguin, 1968).

Deutschmann, C. 'Money as a Social Construction', *Thesis Eleven*, No. 47 (1996) . *Bibliography* 199

Dews, P. *Habermas: A Critical Reader* (Oxford, Blackwell, 1999).

Dodd, N. *The Sociology of Money* (Oxford, Polity Press, 1994).

Durkheim, E. *The Division of Labour in Society* (New York, The Free Press, 1947).

Durkheim, E. 'The Dualism of Human Nature and its Social Conditions', in *Essays on Sociology and Philosophy* (New York, Harper and Row, 1964).

Durkheim, E. *The Elementary Forms of Religious Life* (New York, The Free Press, 1965a).

Durkheim, E. *The New Rules of Sociological Method* (New York, The Free

Press, 1965b).

Eldred, M. 'A Reply To Gleicher', in *Debates in Value Theory*, edited by S. Mohun (London, Macmillan, 1994).

Eldred, M. and Hanlon, M. 'Reconstructing Value-Form Analysis', *Capital and Class*, No. 13 (1981).

Elson, D. 'The Value Theory of Labour', in *Value*, edited by D. Elson (London, CSE Books, 1979).

Esping-Andersen, G. *The Three Worlds of Welfare Capitalism* (Cambridge, Polity Press, 1990).

Fichte, J. G. *The Science of Knowledge* (Cambridge, Cambridge University Press, 1970).

Foster, R. 'Recognition and Resistance: Axel Honneth's Critical Social Theory', *Radical Philosophy*, No. 94 (1999).

Foucault, M. *The Order of Things* (London, Routledge, 1970).

Foucault, M. *Discipline and Punish* (London, Routledge, 1977).

Fraser, N. Interview with Habermas. 'Concluding Remarks', in *Habermas and the Public Sphere*, edited by C. Calhoun (Cambridge, Massachusetts, MIT Press, 1994).

Fraser, N. *Justice Interruptus* (London, Routledge, 1997).

Friedman, M. *Capitalism and Freedom* (Chicago, University of Chicago Press, 1962).

Friedman, M. *Free to Choose* (London, Penguin, 1980).

Gamble, A. *The Free Economy and the Strong State* (London, Macmillan, 1994).

Geras, N. *Marx and Human Nature*, *Refutation of a Legend* (London, Verso, 1983).

Geras, N. 'The Controversy about Marx and Justice', *New Left Review*, No. 150 (1985).

Geras, N. 'Bringing Marx to Justice', *New Left Review*, No. 195 (1992).

Giddens, A. 'Class Division, Class Conflflict and Citizenship Rights', in *Profifiles and Critiques in Social Theory* (London, Macmillan, 1982).

Gleicher, D. 'A Historical Approach to the Question of Abstract Labour', in *Debates in Value Theory*, edited by S. Mohun (London, St Martin's Press, 1994a).

Gleicher, D. 'Abstract Labour, The Rubin School and the Marxist Theory of Value (Rejoinder to Eldred) ', in *Debates in Value Theory*, edited by Simon Mohun (London, St Martin's Press, 1994b).

Gorz, A. *The Critique of Economic Reason* (London, Verso, 1989).

Gould, C. *Marx's Social Ontology* (London, MIT Press, 1978) . 200 *Bibliography* Gould, S. J. *Life's Grandeur* (London, Jonathan Cape, 1996).

Gouldner, A. *The Two Marxisms* (London, Macmillan, 1980).

Habermas, J. 'Technology and Science as "Ideology" ', in *Towards a Rational Society* (Boston, Beacon Press, 1971).

Habermas, J. *Knowledge and Human Interest* (London, Heinemann, 1972).

Habermas, J. *Theory and Practice* (Boston, Beacon Press, 1973).

Habermas, J. *Legitimation Crisis* (London, Heinemann, 1976).

Habermas, J. *Theorie des kommunikativen Handelns Band* 1 (Frankfurt am Main, Suhrkamp, 1981a).

Habermas, J. *Theorie des kommunikativen Handelns Band* 2 (Frankfurt am Main, Suhrkamp, 1981b).

Habermas, J. *Communication and the Evolution of Society* (Cambridge, Polity Press, 1984a).

Habermas, J. *The Theory of Communicative Action Vol. I* (Cambridge, Polity Press, 1984b).

Habermas, J. *Der Philosophische Diskurs der Moderne* (Frankfurt am Main, Suhrkamp, 1985).

Habermas, J. *The Theory of Communicative Action Vol. II* (Cambridge, Polity Press, 1987a).

Habermas, J. *The Philosophical Discourse of Modernity* (Cambridge, Polity Press, 1987b).

Habermas, J. *The New Conservatism* (Cambridge, Polity Press, 1989a).

Habermas, J. *The Structural Transformation of the Public Sphere* (Cambridge, Polity Press, 1989b).

Habermas, J. *Moral Consciousness and Communicative Action* (Cambridge, Polity Press, 1990).

Habermas, J. 'A Reply', in *Communicative Action*, edited by A. Honneth *et al.* (Cambridge, Polity Press, 1991).

Habermas, J. *Postmetaphysical Thinking* (Cambridge, Polity Press, 1992a).

Habermas, J. 'Further Reflflections on the Public Sphere', in *Habermas and the Public Sphere*, edited by Craig Calhoun (Cambridge, Massachusetts, MIT Press, 1992b).

Habermas, J. *Faktzität und Geltung* (Frankfurt am Main, Suhrkamp, 1992c).

Habermas, J. *Justifification and Application* (Cambridge, Polity Press, 1993).

Habermas, J. 'Rawl's Political Liberalism', *The Journal of Philosophy*, Vol. XCII, No. 3 (March 1995).

Habermas, J. *Between Facts and Norms* (Cambridge, Polity Press, 1996).

Habermas, J. *On the Pragmatics of Communication* (Cambridge, Massachusetts, MIT Press, 1998a).

Habermas, J. *The Inclusion of the Other* (Cambridge, Massachusetts, MIT Press, 1998b).

Hegel, G. W. F. *Reason in History* (Indianapolis, Bobbs-Merrill Educational Publishing, 1953).

Hegel, G. W. F. *Phenomenology of Spirit* (Oxford, Oxford University Press, 1977).

Hegel, G. W. F. *System of Ethical Life*, *and First Philosophy of Spirit* (New York, SUNY Press, 1979).

Hegel, G. W. F. *Hegel and the Human Spirit*, A translation of the Jena Lectures on the Philosophy of Spirit (1805 – 6) with commentary by L. Rauch (Detroit, Wayne State University Press, 1983).

Hegel, G. W. F. *The Jena System*, 1804 – 1805: *Logic and Metaphysics* (Montreal, McGill-Queens University Press, 1986).

Hegel, G. W. F. *Elements of the Philosophy of Right* (Cambridge, Cambridge University Press, 1991).

Henry, M. *Marx*, *A Philosophy of Human Reality* (Indiana, Indiana University Press, 1983).

Hewitt, M. *Welfare*, *Ideology and Need* (Hemel Hempstead, Harvester Wheatsheaf, 1992).

Hilton, R. *Bond Men Made Free* (London, Methuen, 1973).

Himmelweit, S. and Mohun, S. 'The Anomalies of Capital', in *Capital and Class*, No. 6 (1978).

Hindess, B. 'Citizenship in the Modern West', in *Citizenship and Social Theory*, edited by B. S. Turner (London, Sage, 1993).

Hobbes, T. *Leviathan* (London, Penguin, 1968).

Holloway, J. 'The Abyss Opens', in *Global Capital*, *National State and the Politics of Money*, edited by W. Bonefeld and J. Holloway (London, Macmillan, 1995).

Homer. *The Odyssey* (Ware, Wordsworth Classics, 1992).

Honneth, A. *The Critique of Power* (Cambridge, Massachusetts, MIT Press, 1991).

Honneth, A. 'An Interview', *Radical Philosophy*, No. 65 (1993).

Honneth, A. 'The Social Dynamics of Disrespect: On the Location of Critical Theory Today', *Constellations*, Vol. 1, No. 2 (1994a).

Honneth, A. *Kampf um Anerkennung* (Frankfurt am Main, Suhrkamp, 1994b).

Honneth, A. *The Fragmented World of the Social* (New York, New York Press, 1995a).

Honneth, A. *The Struggle for Recognition* (Cambridge, Polity Press, 1995b).

Honneth, A. 'Pathologies of the Social: The Past and Present of Social Philosophy', in D. M. Rasmussen (ed.), *The Handbook of Critical Theory* (Oxford, Blackwell, 1996).

Honneth, A. 'Philosophy in Germany', *Radical Philosophy*, No. 89 (1998).

Hoy, D. C. and McCarthy, T. *Critical Theory* (Oxford, Blackwell, 1994).

Hume, D. *A Treatise of Human Nature* (Oxford, Clarendon Press, 1978).

Hutchinson, K. *Kant, Critique and Politics* (London, Routledge, 1996).

Hutton, W. *The State We're In* (London, Vintage, 1996).

Ilyenkov, E. V. *The Dialectics of the Abstract and the Concrete in Marx's Capital* (Moscow, Progress Publishers, 1982).

Ingram, D. *Habermas and the Dialectic of Reason* (New Haven, Yale University Press, 1987).

Jones. C and Novak, T. *Poverty, Welfare and the Disciplinary State* (London, Routledge, 1999).

Jordan, T. *Reinventing Revolution* (Aldershot, Avebury, 1994).

Kalyvas, A. 'Critical Theory at the Crossroads', *European Journal of Social Theory*, Vol. 2, No. 1 (1999).

Kant, I. *Critique of Pure Reason* (London, Macmillan, 1929).

Kant, I. *Critique of Practical Reason* (London, Macmillan, 1956).

Kant, I. *Fundamental Principles of the Metaphysics of Morals* (New York, Prometheus Books, 1987a).

Kant, I. *Critique of Judgement* (Indianapolis, Hacket Publishing Company, 1987b).

Kant, I. *Political Writings*, edited by H. Reiss (Cambridge, Cambridge University Press, 1987c).

Kavoulakos, K. 'Constitutional State and Democracy', *Radical Philosophy*, No. 96 (1999).

Kay, G. 'Why Labour is the Starting Point of Capital', in *Value*, edited by D. Elson (London, CSE Books, 1979).

Keane, J. *Public Life and Late Capitalism* (Cambridge, Cambridge University Press, 1984).

Keenan, T. 'The Point is to (Ex) Change it: Reading *Capital*, Rhetorically', in *Fetishism as Cultural Discourse*, edited by E. Apter and W. Pietz (Cornell University Press, London, 1993).

Kellner, D. *Jean Baudrillard* (Cambridge, Polity Press, 1989).

Kellner, D. *Baudrillard: A Critical Reader* (Oxford, Blackwell, 1994).

Keynes, J. M. *The General Theory of Employment, Interest and Money* (London, Macmillan, 1936).

King, D. S. *The New Right* (London, Macmillan, 1987).

Kitching, G. *Karl Marx and the Philosophy of Praxis* (Routledge, London, 1988).

Knodt, E. 'Towards a Non-Foundationalist Epistemology: The Habermas/Luhmann Controversy Revisited', *New German Critique*, No. 61 (1994).

Laclau, E and Mouffe, C. *Hegemony and Socialist Strategy* (London, Verso, 1985).

LeGrand, J. and Robinson, R. *The Economics of Social Problems* (London, Macmillan, 1984).

Mead, G. H. *Mind Self and Society* (Chicago, University of Chicago Press, 1970).

Meehan, J. (ed.). *Feminists Read Habermas* (London, Routledge, 1995).

Meek, R. *Studies in the Labour Theory of Value* (London, Lawrence and Wishart, 1956).

Meikle, S. *Essentialism in the Thought of Karl Marx* (London, Duckworth, 1985).

Meiksins Wood, E. *The Retreat from Class* (London, Verso, 1986).

Meszaros, I. *Marx's Theory of Alienation* (London, Merlin, 1970).

Miller, D. *Material Culture and Mass Consumption* (Oxford, Blackwell, 1987).

Murray, P. *Marx's Theory of Scientifific Knowledge* (London, Humanities Press International, 1988).

Negri, T. *Selected Writings*, edited by J. Merrington (London, Red Notes, 1988).

Norris, C. *What's Wrong with Postmodernism* (London, Harvester, 1990).

Nozick, R. *Anarchy, State and Utopia* (Oxford, Blackwell, 1974).

Offe, C. 'Bindings, Shackles, Brakes, on Self-Limitation Strategies', in *Cultural-Political Interventions in the Unfifinished Project of Enlightenment*, edited by A. Honneth, T. McCarthy, C. Offe and A. Wellmer (Cambridge, Massachusetts, MIT Press, 1992).

Ollman, B. *Alienation* (Cambridge, Cambridge University Press, 1971).

Parsons, T. *The Structure of Social Action* (New York, The Free Press, 1968).

Pierson, C. *Beyond the Welfare State?* (Cambridge, Polity Press, 1991).

Pietz, W. 'Fetishism and Materialism: The Limits of Theory in Marx', in *Fetishism as Cultural Discourse*, edited by E. Apter and W. Pietz (London, Cornell University Press, 1993).

Pilling, G. *Marx's Capital*, *Philosophy and Political Economy* (London, Routledge, 1980).

Postone, M. *Time*, *Labour and Social Domination* (Cambridge, Cambridge University Press, 1993).

Postone, M. and Brick, B. 'Critical Theory and Political Economy', in *On Max Horkheimer*, edited by S. Benhabib *et al.* (Cambridge, Massachusetts, MIT Press, 1993).

Rasmussen, D. M. (ed.). *The Handbook of Critical Theory* (Oxford, Blackwell, 1996).

Ray, L. J. and Reed, M. *Organizing Modernity* (London, Routledge, 1994).

Rorty, R. *Contingency*, *Solidarity and Irony* (Cambridge, Cambridge University Press, 1989).

Rosdolsky, R. *The Making of Marx's Capital* (London, Pluto, 1977).

Rose, G. *Hegel contra Sociology* (London, Athlone, 1981).

Rousseau, J. J. *The Social Contract* (London, Everyman, 1973).

Rubin, I. *Essays on Marx's Theory of Value* (Quebec, Black Rose Books, 1973).

Rubin, I. *A History of Economic Thinking* (London, Ink Links, 1979).

Rundel, J. F. *Origins of Modernity* (London, Polity Press, 1987).

Rustin, M. 'Incomplete Modernity', *Radical Philosophy*, No. 67 (1994).

Sahlins, M. *Stone Age Economics* (London, Tavistock, 1974).

Saunders, P. 'Citizenship in a Liberal Society', in *Citizenship and Social Theory*, edited by B. S. Turner (London, Sage, 1993).

Sayer, D. *Marx's Method* (Hassocks, Harvester, 1979).

Scott, A. 'Popular Culture and Social Movements', in *Political and Economic Forms of Modernity*, edited by J. Allen, P. Braham and P. Lewis (Cambridge, Polity Press, 1992).

Sennett, R. and Cobb, J. *The Hidden Injuries of Class* (London, Faber and Faber, 1972).

Simmel, G. *The Philosophy of Money* (London, Routledge, 1978).

Simmel, G. *Philosophie des Geldes* (Frankfurt am Main, Suhrkamp, 1989).

Sitton, J. F. *Recent Marxian Theory* (New York, SUNY Press, 1996) .

Smith, A. *The Theory of Moral Sentiments* (Oxford, Oxford University Press, 1976).

Smith, A. *The Wealth of Nations Books I - III* (London, Penguin, 1986).

Sohn-Rethel, A. *Intellectual and Manual Labour* (London, Macmillan, 1978).

Soros, George. *The Crisis of Global Capitalism* (London, Little, Brown and Company, 1998).

Taylor, C. *Hegel and Modern Society* (Cambridge, Cambridge University Press, 1979).

Taylor, C. *Sources of the Self* (Cambridge, Cambridge University Press, 1989).

Therborn, G. 'The Frankfurt School', *New Left Review*, No. 63 (1970).

Thompson, E. P. 'Time, Work Discipline and Industrial Capitalism', *Past and Present*, No. 38 (1966).

Thompson, E. P. *The Making of the English Working Class* (London, Penguin, 1968).

Thompson, E. P. *The Poverty of Theory* (London, Merlin, 1978).

Tönnies, F. *Community and Society* (London, Transaction Publishers, 1993).

Turner, B. S. 'Simmel, Rationalisation and the Sociology of Money', *Sociological Review*, No. 36 (1986).

Twine, F. *Citizenship and Social Rights* (London, Sage, 1994).

Veblen, T. *The Theory of the Leisure Class* (London, Transaction Publishers, 1992).

Wallimann, I. *Estrangement* (London, Greenwood Press, 1981).

Walzer, M. *Spheres of Justice* (New York, Basic Books, 1983).

Walzer, M. 'Response', in *Pluralism*, *Justice and Equality*, edited by D. Miller *et al*. (Oxford, Oxford University Press, 1995).

Warnke, G. 'Communicative Rationality and Cultural Values', in *The Cambridge Companion to Habermas*, edited by S. K. White (Cambridge, Cambridge University Press, 1995).

Weber, M. *Economy and Society* (Berkeley, University of California Press, 1978).

Weber, M. *The Protestant Ethic and the Spirit of Capitalism* (London, Routledge, 1992).

Weeks, J. *Capital and Exploitation* (London, Edward Arnold, 1981).

Wellmer, A. *The Persistence of Modernity* (Cambridge, Massachusetts, MIT Press, 1991).

White, S. K. *The Recent Work of Jürgen Habermas* (Cambridge, Cambridge University Press, 1988).

White, S. K. (ed.) . *The Cambridge Companion to Habermas* (Cambridge, Cambridge University Press, 1995).

Williams, R. R. *Recognition* (New York, SUNY Press, 1992).

Winfifield, R. D. *The Just Economy* (London, Routledge, 1990).

Winfifield, R. D. *Freedom and Modernity* (New York, SUNY Press, 1991).

Winnicott, D. W. *Home is Where We Start from* (London, Penguin, 1986).

Winnicott, D. W. *The Family and Individual Development* (London, Routledge, 1989) .

Young, I. M. *Justice and the Politics of Difference* (Princeton, NJ, Princeton University Press, 1990).

Zeleny, J. *The Logic of Marx* (Oxford, Basil Blackwell, 1980).